suhrkamp taschenbuch 1231

Du hast keine Chance aber nutze sie heißt das eine Buch, an dem Herbert Achternbusch schreibt und das aus Hüllen besteht. Da klingt auch ein anderes Wort mit, Hölle, ein Synonym für unsere Zeit, oder noch besser für Zeit, die der Mensch dingbar machen möchte. Mögen die Hüllen fallen, und gleichgültig, was darunter ist – haha! Ha, ha! Hier ist
1969
Schriften 1968–69
Was hält ES zusammen? Ich hatte schon so viel gESchrieben. War sogar versucht, die halbwissenschaftlichen Werke einES Freud oder Marx zu lESen, damit ES mir gelingt. Aber da nur Ablenkung notwendig war, lenkte mich das Wäscheaufhängen ab: zwischen 2 Haselstauden hängte ich die Wäsche auf das vergnüglichste auf. Nur ohne Angst würde ES mir gelingen. Denn das Dümmste, das einem im Leben begegnen kann, die TodESangst, durfte nicht vorhanden sein. Ich wollte ja nicht zurückgeworfen sein ins Leben und mit vollen Zügen undsoweiter, nein, ich wollte bejahen, was in mir da war: das Wissen um allES. Wenn ES meine Sätze bewegte, konnte ich sie erst als Sätze anerkennen, egal wie sie aussahen, was sie aussagten. Noch durfte ich nicht erwischt werden. ES trieb mich um.

Herbert Achternbusch
Du hast keine Chance aber nutze sie

1

Herbert Achternbusch

1969

Schriften 1968–69

Suhrkamp

Umschlagfoto: Gunter Freyse

suhrkamp taschenbuch 1231
Erste Auflage 1986

Suhrkamp Taschenbuch Verlag

Druck: Nomos Verlagsgesellschaft, Baden-Baden
Printed in Germany
Umschlag nach Entwürfen von
Willy Fleckhaus und Rolf Staudt

1 2 3 4 5 6 – 91 90 89 88 87 86

War eine Schulaufgabe angekündigt, sagte ich mir: Am letzten Tag lernst du. Am letzten Tag sagte ich mir: Was nimmst du ernster, dich heute für die Schule vorzubereiten oder ein Bild zu malen? So nahm ich wieder einen Pappkarton und malte einen Baum meiner Heimat. So wurde ich Maler. Du bist ein Verhinderter, sagte meine Mutter, sich und mich zu quälen. Von vielen Künstlern lese ich in der Zeitung, sagte mein Vater, von dir nichts. Ich sagte mir: Neue Bilder brauchen eine neue Technik. Ich erfand sie. Irgendwie redete ich andauernd mit mir. Was eigentlich? Da wollte ich nur noch meinen Kopf kennenlernen. 1969 konnte ich dann endlich ein paar Stunden schreiben. Das war ganz was Neues.

Inhalt

Das Kamel 7

Einmal möchte ich auf einem Kamel sitzen und einfach in die Wüste reiten. Daß ich dann statt auf einem Kamel auf 100 Seiten reite, entspricht vielleicht nur meiner Angst vor der Wirklichkeit. Am Hinterhaupt befinden sich eigentümliche Absonderungsdrüsen, die mittels zweier Ausführungsgänge unmittelbar auf der Hautoberfläche münden und beständig, zur Zeit der Brunst aber ganz besonders, eine widerwärtig riechende, schwarze Flüssigkeit ausströmen. Um diese Zeit wird der Kamelhengst zu einem unerträglichen Geschöpf: er lärmt, brüllt, beißt, stößt und schlägt nach seinem Gefährten und seinem Herrn, wird unruhig und oft so wütend, daß man ihm einen Maulkorb umlegen muß, um Unglücksfälle zu verhüten. Das Kamel ist das unliebenswürdigste, dümmste, störrischste und ungemütlichste Geschöpf, seinen Ruhm verdankt es nur seiner leiblichen Befähigung. Wahrhaft wunderbar ist es, daß selbst die ärgsten Dornen und Stacheln das harte Maul des Kamels nicht verwunden. Ohne weiteres würgt es Mimosenzweige hinunter, an denen Dornen an Dornen sitzen. Ich selbst habe mir so einen Dorn durch die Schuhsohle gestochen: und solche Dornen zermalmt das Tier mit der größten Seelenruhe! In der Nubischen Wüste finden sich am Aus- und Eingang auf viele Meilen hin ein Kamelgerippe so dicht neben dem anderen, daß die Straße durch die weißgebleichten Knochen bezeichnet wird. Die Wüste ist nicht bloß die Heimat und der Geburtsort, sondern auch die Sterbestätte und das Grab des Kamels. Die wenigen, die geschlachtet werden, kommen gegen die, die auf ihren Berufswegen verenden, kaum in Betracht.

Die Macht des Löwengebrülls 83

Das Kamel

Hülle

Zwar hab ich Paul Valéry nicht gesehen, und eigentlich hat mich in Südfrankreich weiter nichts interessiert, wenn mir auch in dieser Landschaft und in diesem Licht wohl gewesen ist. Ferner bin ich so zufällig und, aus von mir nicht gerne erkannten Gründen getrieben, weggefahren, auch waren die Gesichtspunkte einer Erzählung Sète, die ich später über diese Reise verfaßte, mir zu angenehm und zu verlogen, als daß ich dieses Thema Sète nochmals aufnehmen sollte. Zum Beispiel habe ich damals aus Interessenlosigkeit dieses Sète nicht zu Gesicht bekommen, und daraus machte ich in der Erzählung einen Mytos: Sète, das ich nie gesehen habe. Als hätte ich es sehen wollen und eine magische Kraft hätte mich daran gehindert. Als sei Entfernung ein Mytos, von hier nach Sète, als könnte ich nicht 1000mal hinfahren. Als klammerte ich mich an dieses Entrissensein einer Stadt, eines Sommers, einer Situation, der ich völlig passiv beiwohnte, faul und ekelhaft, denn ich hätte mich damals mit einer Schwedin, die mir mißfiel, ohne weiteres, als wir nachts auf einem auf den Sand gezogenen Tretboot saßen, geschlechtlich betätigt, wenn sie sich nicht widersetzt hätte. Wer weiß wie gering dieser Widerstand gewesen ist und wie gelangweilt meine Lust, da ich ihn nicht gebrochen habe. Daß ich nochmals auf die paar Tage komme, kommt von der Vergeblichkeit, mit der ich damals ein Reisender sein wollte, ein Liebhaber und Geschichtenschreiber. Vergeblichkeit ist so eigentlich die Motorik, die mich weitermachen läßt, oder besser eine gelegentliche Faszination. Seit ich weiß, versuchte ich bei außerordentlichen Gelegenheiten, bei Ferienaufenthalten, aber auch auf eintägigen Schulausflügen mit einem Gleichaltrigen eine besonders enge Bindung, die in dieser Zeitspanne entstand und nach ihr eine lange Qual, nein, eine kurze heftige mit vielen kleinen abflauenden Qualen, zwischen denen die Intervalle wuchsen und die Kulminationen abflachten. Wäre ich zu e i n e r intensiven Begegnung fähig gewesen und hätte mich mit e i n e m Schritt abgewendet, wäre ich heute ein freier Mann mit einem guten Geschäft und nicht dieser zappelnde Waschlappen, dem es beim Anblick manches Mädchens einen Stich gibt, als sähe er in den offenen Himmel, und der dann wieder dahindämmert und zwischen Zornausbrüchen unwürdige Arbeiten verrichtet und sich leidig ernährt. Ich tret aber auch nicht an so eine herrliche Person heran! Ich weiß ja, daß ich nicht reden könnte: wenn ich den Mund aufmache mit meinen verstellten Zähnen, bin ich ein Scheusal. Und wer würde sich nicht schön bedanken, als ein Stück Himmel gesehen zu werden, aus dem ich dann doch nur Fleisch mache, vor dem mir ekeln wird, und ich wieder Fotos, fernere Anblicke vorziehe. Damals, nach meinem ersten Semester auf der Akademie, einem Sommersemester, stand ich wieder an so einem Ende einer Liebschaft. Zu Ende des Semesters war unser Professor mit der Klasse studienhalber auf ein Schloß gefahren, in dessen Marstall wir 2 Wochen hausten und tranken. Ein Schloß mit einem Park, einer Oranscherie, einem Wasserbecken mit Goldfischen, an dessen Beckenrand die Schüler saßen und in die Umgebung Kunst sahen, die sie malten – an einem Flüßchen von Weinbergen umgeben. Die Statuen im Park waren schon Kunst und ich meinte manchmal, mit Gewalt, vor allem zu Beginn der Exkursion, ließe sich in ein Getreidefeld was sehen, aus einem Bergabschluß fahre die Kunst in die darüberweggehenden Wolken, in einem von Mohn verwilderten Feld liege sie, Ausmischungen vieler Rots. Dann aber beruhigte ich mich, gab mich zufrieden, die Kunst in den Renaissancesälen des Schlosses zu wissen und stand lieber mit dem Mädchen in der abendlich verwilderten Landschaft um das Schloß. Abends war es im Schloßpark nicht schön. Tagsüber hinderte ich das Mädchen gerne am Malen, ich riet ihr ab, einen Baum zu malen, besser den Furz eines Fürsten oder die Stelle, wo eben noch ein Goldfisch war.

Schließlich war das alles die Sache des Professors. Wir nahmen zwar noch die Malutensilien mit, hockten aber auf Wegrändern herum, sahen die Mannschaft uns von weiter oben zuwinken, hatten aber eigentlich doch nur die Sorge, ob jetzt die Blumen wüßten, daß wir beide da sind. Bevor ihr Freund sie einmal übers Wochenende abholte, stand sie im Regenmantel vor mir und ich genoß die Lust, die Gelegenheit zu haben, dieses Paket zu nehmen. Aber ich und nehmen, ich und besitzen, ich jemand eine Gewähr geben, ich und mich um jemand kümmern, ich etwas wollen! Es wurde Nacht, wir waren besoffen und wir fuhren. Ich hatte mit Gerd ausgemacht, nach Südfrankreich zu fahren. Von ihm stammt der berühmte Ausspruch, daß die fetten Mädchen so ein enges lustvolles Loch haben. Er schlief ja nun wirklich mit jeder, auf die, wenn er im Dunkeln im Gebüsch lag, seine Hand fiel. Einmal steigerte sich seine Wut auf seine besoffenen Zustände derart, daß er, sich in Zucht zu nehmen, die Odyssee kaufte, vergeblich riet ich ihm zur griechischen Ausgabe. In Sète versuchte ers mit der zweiten Schwedin, sie lagen zwischen 2 Booten und er drückte und drückte, sie wollte aber nicht, obwohl sie am Tag ein häßliches Leder war. Das Mädchen kam nächstes Semester nicht mehr. Das war dann Scheiße, als ich durch das häßliche Nürnberg stieg und diese Nürnberger Gesichter an den Köpfen hingen und diese Konditorgotik herumstand und mein Kopf nicht mehr flog und sich der Blick ins Pflaster fraß. Wenn ich wenigstens ein guter Kunstschüler gewesen wäre. Mit den ersten Anfängen ahnte ich, daß ich zu keiner Kunst fähig bin. Vielleicht, daß es in der Provence auf mich übergriff, daß sich mir die Sinne verwirrten. Es mochte schon sein, daß van Gogh um St. Remy geisterte und in mich führe. Aber dieses Licht war ja so angenehm, vor den Kafes zu sitzen und vor allem zwischen den Feldern zu gehen, zu liegen.
Was Gerd betrifft, so spielte er in der Erzählung weiter keine Rolle. Die Schwedinnenepisode vom letzten Tag

vor unserer Abfahrt – wir waren 5 Tage in Sète – auch nicht. Die beiden Französinnen der Erzählung, ich werde wohl oder übel auf die Erzählung zurückkommen müssen, da ich keine Lust verspüre, derart weiterzuwursteln, sind nicht etwa eine Glorifizierung dieser Schwedinnen. Schließlich gehts doch sonst nicht so prüde zu bei den Schwedinnen, da kann man schon einmal seine paar Zentimeter hineinzwängen. Es ist freilich schrecklich, daß mir da immer eine Sauerei hereinschlüpft, ich hab auch Angst, daß ich deswegen unverhofft von hinten eine über den Kopf gezogen bekommen könnte, aber solange ich nicht von Mord rede, ist es doch harmlos, Mordabsichten freilich sind mir nicht fremd. Was bleibt mir da noch. Es war schon zur Schulzeit so mit mir, daß ich zu Beginn eines Films tausenderlei zu meinem Nachbarn sagen mußte, weshalb ich immer jemand zu überreden suchte, mitzugehen, mit Otto ging ich ziemlich jede Woche einmal, dazu noch einmal allein. Was ich da zu palavern hatte, fand er ärgerlich, fand er es ärgerlich? Was gabs nachher eigentlich über den Film noch zu sagen, der war ja dann neben der Wirklichkeit gewesen und hatte sein Inbeschlagnehmen bekommen. Ich verwende dieses Verhalten jetzt nicht als Taktik, in die Erzählung zu schleichen, vielmehr kann es durchaus passieren, daß ich diese zutodereite. Als ich nämlich von moderner Kunst soviel verstanden hatte, daß ich mir eine eigene Manier anlegen konnte, was hatte ich nicht alles ausprobiert, heiratete ich, da ging natürlich die Kunst drauf, weil so eine Ehe der Kunst überlegen ist. Und als sich in der Ehe endlich leben hätte lassen können, kamen die Kinder, und eben mußte ich so einen Quengelmeister, der bei mir im Zimmer war, zu Bett bringen, da sollte ein Gedanke konsequent werden! Da soll ich einen Aufbau im Kopf haben, das fällt doch beim nächsten Kinderscheiß alles zusammen. Oder soll ich das Kind nehmen und die Augen schließen, soll ich meinen Verstand inzwischen an die Wand hängen, nein, da muß ich natürlich einen Jux machen, das kostet Fantasie, dauert oft lange und macht fertig, und jetzt soll ich wieder den Kunstplan rausholen und weiterackern? Wenn ich nie ein paar Seiten anständig zusammenbringe wie das Lektoren wollen, dann ist das die Schuld der Kinder, der Frau, der Ehe, der Kunst, denn hätte ich Kunst nicht gewollt, hätte ich nicht geheiratet usw. Und jetzt mach ich das mit den Kindern, damit ich Kunst mache? Ich schreib ja davon.

Was Otto betrifft, habe ich kein Verhältnis mehr zu ihm, er ist das geworden, was ich übel finde: Lehrer, ist CSU-Prediger und hielt in der Studienzeit positive politische Vorträge vor Bundeswehrleuten. Zwar fand auch er noch als Referendar, daß die Lehrersitzungen ein Saustall sind, doch traf ich ihn inzwischen nicht mehr. In der Schule waren wir Freunde, die oft vom Schwulen sprachen, es aber nie taten. Das was Mädchen ausmacht, das was den Zusammenwuchs ihrer Beine hinaufschiebt und was an ihnen überflüssig wächst, purzelte so verworren durch uns, daß wir nie zu einem Griff zu unseren Gliedern kamen. Eine Sauerei = eine Mordabsicht: ich hatte eine unheimliche Wut auf die Schule, die Wut war so groß, daß mir keine Bosheit einfiel. Die Wut gebärdete sich sosehr als Schuld, daß sie sich gegen mich richtete. Daß die Wut auf die Schule sich gegen mich als Schuld richtete, schreibe ich der Verdorbenheit der Schule zu, was ich damals nur empfand, was die Wut zur Resignation steigerte. Ich war aggressiv, ich sagte den Lehrern schlimme Sachen ins Gesicht, genausogut hätte ich ihnen Blumen ins Gesicht werfen können. Welcher Lehrer ist vom Schüler erreichbar. Aber die Liebe, zu der nur so eine Aggressionswut befähigt, richtete sich auf ein Mädchen, daß sie Irene hieß, ist in diesem Zusammenhang dummerweise symbolisch, aber so hieß sie. Nach der Schule, mit einem Dienstagnachmittag hatten wir ihre Mutter ein Jahr lang mit einem Extraunterricht geblitzt, umzirkelten wir die Stadt. Anhöhen, Herbst, Schafhirt: Spielt ihr wieder Vater und Mutter.

Hirsch! Gras, das an diesen Tagen nicht trocken wird, Schultaschen, um alles wozu Schultaschen, Mäntel, feste Mäntel, Ulster, die es aushalten, daß ein Zug drüberfährt, die Gleise entlang, ein Zug – weg, den Weg entlang, auf den Schwellen wieder, Scheiße dazwischen Gazezeug verfilzt, vom Flugrost gerötet. Eine Wolke geht voraus und ein Kopf hängt dran, ein zweiter Kopf. Als wollte ich gleich vögeln, als wollte ich nicht streiten, streiten bis alles abgefallen ist, bis der Hoden allein dranhängt, das Hirn weichdreschen, und hinein in den Fleischwolf. Ich wandte mich ab von ihr, war vollkommen abwesend und wandte mich ihr mit einem Dreh wieder zu, spontan als stünde die ganze Schule da und ich müßte sie ergreifen, bevor ich bloß das Mädchen wieder sehe, und verfiel wieder in die Exzesse auf eine Person. Eine Person, eine Elternschaft, eine etwaige Untreue, ein Nichtverstehen, eine Zuversicht auf die Zukunft ihrerseits, ein Waschbecken, Stimme, Treibgut, an Straßen lang Verstreute, du Kehricht, Putzmittel, Geruch aus den Küchen, du kalter Speiserest am Teller, du abgesteckter Weg du Slalomstrecke du Mundvoll zähes nicht zu zerbeißendes sperriges bitteres das Zahnfleisch zerreibendes die Zunge zerfressendes rachenscheues Kraut, Magengift, Gallendruck Nierenschneiden, Penissache, was dichte ich Verstiegenes. Ich mußte nach der -sache die Kleinste aus dem Bett holen, sie schrie wie am Spieß, wie das paßt, gell. Trotzdem hing südlich der Stadt eine lange schmale Halbinsel in die Donau, fast abgerissen, fast mitgetrieben, von Strauchwerk bewachsen, Pappelzeug mit einem Dornverhau gegen das Wasser, auf dem Anfang November, am 11. goldgelbe Blätter lagen, und verstreut, die Sonne glitt in Unterhosen strickte, blies der Strom glatt und mückenschwanger spätlich Abend hin. Daß ich dann um 5 im Warteraum des Zahnarzts saß und die Felder des Kunststoffbodens Weltordnung schienen. Ei mein Lieber, wissen Sie, Sète, das ist eine Geschichte mit Mädchen in

Südfrankreich, etwas abgegriffen so eine Liebesgeschichte, und manchmal fallen Sie in dieses Loch hinein. Diese Zeit um 5 hol ich die beiden Größeren vom Kindergarten. Bis ich die beiden die 5 Minuten Weg daheim hab. Die Größere geht ja mit und schaut, wenn ich frage, wer sieht was Grünes, oder wer sieht was, was ihm nicht gefällt. Aber Andi haut mir immer in die neue Volksschule ab, ein pluralistischer Bau, und will spinale Kinderlähmung spielen, ich muß ihn tragen, wir beißen und zwicken, einmal bring ich ihn schon noch mit einem Loch im Kopf heim. Einzige Spielregel: nicht auf die Straße. Im Grund will er allein heimgehen, das laß ich ihn dann auch, und allein den Autos gegenüberstehen. Aber wie die schreit, die Kleine, ist sie 15 Minuten allein.

Irene bekam dann ein Kind, und was da Herbst gewesen war, herumgelegen unter Bäumen in Nässe auf Jacken, Geruch, der alles verdrängt im Hirn und fern ist wie eine Verwesung in Kentucky vor 100 Jahren und die Bildung hinausgeräuchert hat, den Schwung, der Geruch neben der leblosen Jacke, so ein Ast, der sich seine ganze Zeit nicht rührt und im nächsten Augenblick Staub ist, Assisi, ein Vogel, hör mir bloß mit den Vögeln auf, kurz es ist als rutschte man sein Leben lang nacktärschig über den novemberfeuchten Waldboden, das also war vorbei und ich wurde angeschrien wie ein Rentner, der nun wieder schwer arbeiten soll. Ein Kind und die Welt läuft, du hast zu spuren, du lernst, daß die Ohren dünn werden, du denkst, daß das Geld knistert, und dein Auto quietscht, weil du kostbare afrikanische Tiere geladen hast, die vorm Hungertod stehen. Ein Kind, steh stramm, Gewehr bei Fuß, Marsch Marsch. Jawohl Herr Feldwebel. Ein Feldwebel, ein Hirn wie eine Aschentonne, in die Zahnstocher geschichtet sind, Zahnstocher, und jetzt sind sie durcheinander, da ist der Platz zu wenig, da liegen sie auch herum und verwittern. Ihre Mutter war über das eigensüchtige Verhalten eines Dreijährigen nicht hinausgekommen. Wenn ihr was nicht paßte, weinte sie, so war sie, und hatte jetzt Herzbeschwerden. Wenn Andi was nicht paßt, sagt er, daß er Bauchweh hat. Wenn jemand mit 50 auf ein Wort hin Schmerzen bekommt, ist es seine Schuld. Das sind die Lappen, die nie an den eigenen Tod denken, und wenn, nur an die, die sie umstehen werden. Und vorerst war das Kind nicht mehr als ein Wort. Ein Bauch voll Wort. Was könnte ich da über meinen Schädel klagen. Als müßte ein Buch nicht großgezogen werden, als fiele es nicht auf die Nase, als erregte es nicht meinen Zorn, als müßte ich nicht Geduld haben, nicht schuften und es ernähren. Eine Oktav höher: Als sei die Kunst nicht lebendig, als stecke der Teufel da nicht seinen Finger hinein. Als rede sie anfangs nicht bloß dummes Zeug, als bringe sie anfangs nicht alles durcheinander. Nein, in den Kindergarten muß es nicht, in die Schule muß es nicht. Nochmals eine Oktav höher, Verstärker: Als stünde der Künstler nicht im Leben. Als habe er nicht gevögelt, bevor das Kind kommt. Als wolle er nicht weitervögeln und keine Kinder mehr. Als bliebe ihm was anderes, als sich mit den Kindern abzugeben. Das Buch hat keine Seele. Ich auch keine, oder in mir ist sie nicht. Die Oktaven machen allein weiter, das kann auch jeder weiterspinnen. Hab ich jetzt das ernst gemeint, die Wirkung sollte mich nicht erwischen.

Ein Mensch gewonnen und keiner verloren? Wenigstens einen Affen erschießen, einen Lehrer. Der Lehrer saß wie ein Affe auf meinen Schultern und niemand riß ihn herab, niemand sah ihn und haute ihm ein Messer ins Kreuz. Schießen? Auf den im Fach Musik. Auf den in Deutsch, der uns Ernst Wiechert nahebrachte, den Namen Walter Benjamin aber nicht über die Lippen brachte? Den in Englisch, der uns, wie ein chinesischer Metzger mit wenigen Schnitten eine Sau, auseinandernahm, wenn man im Essay nicht auf 20 Gerundive kam. In der ersten Klasse hatte mich einer, Friedl hieß er, ein

Oberstudien, in Geografie, in der Klasse war es sehr laut gewesen, geohrfeigt, weil ich auch nicht lauter gewesen bin aber gegrunzt hatte, das war leicht rauszuhören, 8 Ohrfeigen, ich zählte mit, hin und her bis es klingelte. Was bist du so erbost, es fehlt dir an gewichtigen Beispielen, immer noch. Gut: für den Religionslehrer »brachte« Karl der Große 3000 Sachsen »um«, für den Geschichtslehrer, SPD, metzelte Karl der »Große« 30 000 Sachsen hin. Und wenn sie einem mit den Nazis daherschlitterten, so wenigen Verführern – ach du mit deiner direkten Art – ein paar Kanibalen, die dieses arme Volk verführten, welches? das deutsche oder jüdische, jüdische? über dessen Verlust sind doch keine Zahlen gesichert, obs nun 200 000 oder 2 000 000 waren, siehe Sachsen! die im Busch einige Missionare aufgefressen haben – und Missionare irgend einer Sache waren wir alle nicht, was soll ein Missionar in Englisch, ich lehre ein sauberes Th. Im Augenblick fällt mir nichts Verhaßteres ein als die Unschuld meiner Lehrer. Da kann man doch wirklich vögeln bis man am Schambein daherläuft und ist im Gegensatz zu so einem Lehrer immer noch ein anständiger Kerl. Neben der Bank, stehend einen abknallen, also stehend, aufgestanden zur Warnung. Verdammt! ich hab bis heute ein Vorurteil gegen Benjamin und seh Wiechert freundlich grinsen und hör: Er hat uns lächelnd ausgesät, er hat uns lächelnd abgemäht, er wird uns lächelnd wenden. Und ihn abknallen, wie ein Mann. Dann hinausgehen, es der Polizei sagen, der Schande, ohne einen anzublicken. Die Panik im Klassenzimmer geht mich nichts an. Zuchthaus. Zu jung, im Affekt, also warten und planen. Warten und planen? Damit könnte ich auch einen Roman bauen, so einen runden, der wiegt.

Irene

Wenn ich mit ihr in der Pause ging und immer in der Pause mit ihr ging, mußten meine Lehrer meine Leistungen dieses Jahr für mangelhafter als in früheren Jahren befinden, Lehrer: Es steht schlecht um ihn, er wird durchfallen, er hat ein Mädchen, wer sind wir, wenn wir das dulden! An der Donau, in der Sonne liegend, fragte ich oft Irene, ob sie meine, daß ich durchfalle. Der Wiederholung dieses Schuljahres zu entkommen, brauchte ich eine List für die letzte Matematikschulaufgabe, um in die letzte Klasse vorzurücken, eine Note, die ich mit natürlicher Kraft nicht leisten konnte. Irene: Wer ist das eigentlich dort drüben? Auf der kiesigen Spitze der Insel saß ein Pärchen. Das war unser Mateser mit seiner Goldi. Ich schwamm hinüber, fand das Pärchen in der mir bekannten Weidenkultur, ging pfeifend darauf zu und stutzte vor ihnen, als sei ich in ein Fasanennest getreten, Fasane gabs hier. Goldi verbarg ihre Brüste unter den Armen und zog den Schoß ein, er: Scher dich zum Teufel! Ich schwänzte die letzte Matematikschulaufgabe, sie nachschreiben zu müssen. Im Fysikvorbereitungsraum schrieb ich dank der leichten Aufgaben, die er mir gestellt hatte, eine gute Note, und er nannte mich vor der Klasse einen Kerl, der nicht durchfallen wird. Wenn er neuen Stoff durchnahm, hatten wir uns angewöhnt, weil ihn das ärgerte, laut zu flüstern: Begreifst du das? Er: Was schwafelt ihr schon wieder? Da gibts nichts zu begreifen! Lernt das Zeug! Begreifst du das, so ein saublödes Gerede. Ich werde euch nächstes Jahr die Köpfe waschen, meint nicht, daß das Abitur idiotensicher ist.

Oft gingen wir donauaufwärts und setzten uns nach halbem Weg nach Metten auf den Damm, wo Büsche und Bäume am Ufer einen Blick aufs Wasser freigaben. Von der Seite sah ich auf Irenes Auge, das etwas geweitet, etwas trübe von Flüssigkeit und winzigen geplatzten Äderchen. Was hat der Arzt gesagt? Irene: Er macht es nicht. Ich: Obwohl er mit deinem Vater auf die Jagd geht? Sie: Er will nicht. Ich: Du willst? Ich weiß nicht, ob ich gegen eine Abtreibung war, Irene zu ruinieren. Ich quälte sie, bis sie den Damm hinunterlief, durch

Büsche fiel und ins Wasser plumpste. Ich hatte kurz vorher eine lila Skabiose abgerissen, Irene konnte doch schwimmen! Ich hörte das Tuckern eines Schiffs, ich lief ans Wasser, zog Irene heraus, die ohne Besinnung war. Ein Boot der Wasserwacht fuhr vorüber. Wir gingen durch die wenigen Felder zwischen der Mettener Straße und dem Damm in den Waldhang. Sie legte ihr Kleid über einen niedrigen Busch, wir aßen Brote, wie sie ihr ihre Mutter mitgab, Scheiben gekochter Eier zwischen Butterbroten. Das Kleid war häßlich aufgetrocknet, die Donau führte trankiges Hochwasser und die Wäsche blieb vom Uferschlamm schmutzig, daß ich in die Stadt mußte, Irene neu einzukleiden, sie gab mir auch ihr Geld mit. Zurück sagte ich: Es gibt auch schwarze Unterwäsche. Sie: Das wußtest du nicht? Das oransche Baumwollkleid fand sie toll. Sie streifte das ärmellose Kleid am Leib herunter, sie hatte breite braune Oberarme. Ich nahm sie in der Taille und wollte sie hochstemmen, mein Äneas. Gegen Abend gingen wir ins nächste Wirtshaus und aßen zu einem farblosen Limo nackte Semmeln, hörten Boxmusik, wir hatten einen der letzten Schultage geschwänzt.
Am 2. Mai hatte es während des Unterrichts geschneit. Mittags begleitete ich wie immer Irene zum Bahnhof durch den Stadtpark, auf der für die neue Saison aufgesandeten Tennisanlage stand Wasser, die Netze waren hochgeschlagen. Wir überquerten den Bogenbach. Wir waren in der Nähe des Briefkastens in der Stadtfeldstraße, Irenes weit auseinanderstehende Augen sahen mich an wie einen Hund, dann weinte sie. Den Güterbahnhof entlang kreuzten wir die Mettener Straße, gingen von der ungeteerten Eginger Straße durch die Bahnüberführung und den Fahrdamm entlang, auf dem kürzesten Weg zur Donau. Irene: Bei schönem Wetter steht die Irschl am Fenster und erwartet meinen Gruß. Ist es trüb, steht sie hinter der Gardine. Neulich sagte sie meiner Mutter, was für ein flottes Gangwerk ich habe.

Klar, daß sie mich haßt, sie ist alt und fett. Bis wir an die Donau kamen, hatte sich das Wetter beruhigt, die Sonne projizierte einen Flecken aufs Wasser. Auf dem Damm oben ging mein Kunsterzieher, ein Referendar noch, und grinste, als wir ihn grüßten. Später kam er nach Weiden, wo er im dampfigen Keller untergebrachten Zeichensaal lungenkrank wurde. An seinerstatt verklagten seine Kollegen den bayerischen Staat, und es wurde ihnen recht gegeben. Irene: Was wird die Irschl sagen, wenn sie merkt, daß ich dick werde. Sie wird vor Zufriedenheit glänzen und nicken: Hochmut kommet vor dem Fall. Gingen wir zwei am Haus der Irschl vorbei, sagte ihr argwöhnisches Gesicht: Abwarten Irschlin, es ist noch nicht aller Tage Abend. Als sie die Neuigkeit erfuhr, klapperte sich ihr unsterblicher Marabuschnabel wund, daß Irenes Eltern Irene bis zur Geburt des Kindes bei Verwandten in Reichenhall deponierten.
Wenn ich übers Wochenende nach Mainkofen kam, lag ich manchmal in einem Liegestuhl zwischen den 2 Schwestern. Im Schuppen waren alte Radschläuche für Ausbesserungen aufgehoben. Ich schnitt einige ab und klebte sie mit einer Gummilösung zu einem Männchen zusammen, das ich durch ein Ventil im Rücken aufpumpte und in meinen Stuhl zwischen die Dösenden legte und spazieren ging. Hatte Irenes Mutter ausgeschlafen, ging Isolde ins Wohnzimmer und drehte das Radio an. Dann tranken wir Kaffee im Garten, den die Mutter abgekocht und Irene serviert hatte. Abends saßen wir im Wohnzimmer unter einer japanischen Lampe und ich schwätzte mit Isolde über ein Buch. Am letzten Samstag lag ich wieder im Liegestuhl und spielte mit dem Gedanken, die schöne Weißtanne abzuzeichnen. Der Vater kam mit einem Rehbock im Rucksack nachhause. Eine Woche später wußte Irenes Mutter Bescheid und sie verwies mich des Hauses. Wäre nicht Irene dieses Frühjahr 16 geworden, ich hätte Sie wegen Verführung angezeigt, Sie Wildsau. Vom sonntäglichen Kirch-

gang und werktäglichen Einkauf abgesehen, kam sie nicht außerhaus, und sie hatte selbst innerhalb ihrer Familie nur zu Irene eine umso heftigere Zuneigung. Sie hat auch die Schule über mein Vergehen in Kenntnis gesetzt, die ich, ihrem Ansehen nicht zu schaden, verlassen mußte. Als ich Irene in Reichenhall besuchte, sagte sie mir, daß ich ihrem Vater leid getan hätte, mich so in seinem Garten sitzen zu sehen, und daß ich wieder kommen könnte, weil ich schließlich kein Verbrecher sei. Diesen Samstag pflückte Irene Tomaten, auf Tomaten werden wir dumm. Isolde goß den Salat, ertränk die Schnecken nicht. Der Vater zerwirkte den Rehbock: An Ihnen ist ein Metzger verloren gegangen. Ob es Regen gibt? Isolde: Ob das Gewitter kommt? Irene: Es wird sich in die Berge verziehen. Er: Hoffentlich gibts koan Woikabruch. Wir hörten einige Autos des abklingenden Abendverkehrs. Eine branstige Wolke kroch den Bayerischen Wald entlang, heiß wars wie bei Khartum, es flatterten Blitze in der Wüste. Manchmal schrie ein Narr in der Anstalt drüben, der das Wetter spürte und ein offenes Gitterfenster gefunden haben mochte. Irene: Wollen wir nicht lieber drinnen essen? Traubenzucker, Glyzerin, Milchsäure, Traubensäure, Azetaldehyd Aldol Buttersäure, das ist Fett, das ist Müdigkeit.

Rita

Meiner Wonne lebe ich diese Nachmittagsstunden, und glücklich, wer empfindet wie ich. Sitze im Kafe nah der Heiliggeistkirche. Durchs verwaschene Fenster kommt mir ein Stück Fassade zu Gesicht, des Turms. Oder bleibt das Auge am Leeren, kommen mir zum Geräusch des Regens die wundersamen Stukkaturen und himmlischen Farben der Asams im Innern der Kirche. Nachdem ich die letzten Korinten des Englischen Kuchens in die Gabel gedrückt, trinke ich ein Glas Bier.

Da sitzt auch immer eine Frau im Kafe. An den großen Fenstern zur Kirche oder zum Markt, bei der Teke oder

unter den Leuten im Saal, das Kafe ist ungewöhnlich groß, oder nah meinem Tisch oder den Fenstern zur Kirche gegenüber. Diese Rückwand öffnet ein weiter Spiegel. Ich setze mich gern so, daß ich das Kafe zugleich im Spiegel überschaun kann. Ich genieße den weiträumigen Eindruck und betrachte unscheniert die Gäste, wie diese Frau an den großen Fenstern zur Kirche oder zum Markt, bei der Teke oder unter den Leuten im Saal oder nah meinem Tisch, die nichts Sonderliches an sich hat.
Frau Rita, spricht sie eine altersgraue Dame an, die in grauem Mantel bei ihr sitzt und ihre welken, fast gedörrten Hände im Schoß rollt, aufrecht sitzt wie alte Leute, die strammes Sitzen schmerzt und die den Schmerz des Strammseins willen ertragen, dabei taub und fast blind sind und Wörter von sich stoßen. Frau Rita in 55 Jahren und einem rot und blau gestreiften Kleid, sehr schmale Streifen von gedämpfter Farbe, hat lebendige Hände, die in lockerer Faust auf der Tischplatte liegen oder aus der Handtasche ein Tuch holen und die schweißfeuchte Oberlippenpartie abwischen, einige schwarze Borsten stehen hier, und das Tuch nicht notwendigerweise umschließen, nicht harren, auf luxuriöse Weise die Sekunden lassen. Oder diese Hände richten das geflochtene Kunststoffhütchen, ohne Frau Ritas Gespräch zu hemmen. Dagegen liegen die Hände der alten Dame tot im Schoß. Wie lose Haken nimmt Frau Ritas Redeschwemme die unverständigen Wies und Was der Dame mit und biegt sie in der Aussichtslosigkeit auf eine Antwort zu Wendungen Nicht Oder Dassagensiedochauch um, die sie im Bedürfnis nach Bestätigung wieder aus den Sätzen reißt und die Hand so eine Frage unausweichbar unterstreicht: Eine Bugwelle möchte ich einmal sehen, Sie nicht? Bugwelle! Des Meers, bei einer Fahrt von 20 Knoten, gewaltig muß sie sein, D e s M e e r e s, wenn der Bug des Schiffs durchs Wasser pflügt, sie zeigt es der Dame mit ihren Händen, die durch die Luft überm Tisch pflügen, so. Und es stellt sich heraus, daß

die alte Dame nichts verstanden hat und sich nur vorbeugt, mit einer gespannteren Haltung Aufmerksamkeit vorzutäuschen, Knoten, sagt sie geistesabwesend.
Was die Frau Rita der alten Dame erzählt, ist mir schwer verständlich, hat sie gesprochen vom Bügeln heller Wäsche, von Ziffern und Lastern, einer Schere? ich hab doch nur wenige Ausdrücke nicht mitbekommen. Über eine Zeitung gebeugt lausche ich, im Spiegel suche ich mir dieses Gesicht zu deuten. Diese Züge zwischen rosaroten Erhebungen sind unbestimmt. Genauso könnten sie anders verlaufen. Diese Autos zwischen satt gelben Hügeln sind zu bestimmen. Sie teilen die Rundungen des Gesichts so ungeschickt auf, daß dieses Gesicht geschlossen bleibt, es fehlen Grundzüge. Diese Geschicklichkeitsfahrer rattern durchs Gelände und lassen die neugierigen Zuschauer von der Absperrleine zurückweichen, an der sie dann wieder hängen. Vielleicht eine plötzliche Verzweiflung, ein plötzlicher Platzregen, die in keiner Enttäuschung ausklang, brachte das Rennen nicht zum Abbruch, weil letztere nie selbstverständlich genommen wurde, daß der Sieger in der 50 ccm-Klasse seinen Pokal bekam, bewußt scheint diese Frau Rita in das sich verengende Löchelchen ihrer 55 Jahre zu sehen, den der Sieger freudestrahlend hochhielt, der Sonnenschein umspielte jetzt wieder die Siegestrofäe. Ihre zusammengekniffenen Augen, die Sonne blendet ihn, sie kneift sie so stark zusammen, der Schmutz im Gesicht hat ihn fast unkenntlich seinen Fans gemacht, daß kein Mensch die Irisfarbe erkennen kann, lassen mich wieder völlig im Unsichern über das Schicksal dieser Person, daß ich an ein Motocrossrennen vor 15 Jahren denke, aber, was kümmerts mich!
Die Welt ist heute klein. Ein vordergründiges Kichern dieser Frau erreicht mich und überlistet wieder meine Sinne, diese Stimme! Sie tuschelt über den Tisch, sie wischt mit einem Finger auf einem Fleck, die leere Tasse klingt, der Blusenbusen des weiten Kleids berührt die

nicht zierliche Tasse, kein Täßchen, häßlich ist sie hihi. Worauf sich die alte Dame steif einem Tisch zuwendet, ein Sprung durch sie saust, lauscht, der Stuhl ächzt wie ein Brett. Alte Knaben, die herüberzwinkern, die kaum was trinken, keine Kämme mehr brauchen, haarlos sind, schamlos. Frau Rita kennt sie, einen besonders, den im roten Hemd, Hemd, ich kann dem infamen Gespräch nicht folgen. Frau Rita stoppt schon wieder ab, ach was! Sie läßt die Kandare locker, stellt den Schubkarren nieder, plärrt: Meine Nichte, die Sofie hat endlich ein Zimmer, Zimmer! Das große Ohr der alten Dame rührt sich nicht. Sie macht einen Buckel und kriecht vor: Haaa? Sofi! Behalten können, sie war 3 Tage bei mir, ich hätte sie behalten können, meine Wohnung ist groß genug, 3 Zimmer mit Bad Heizung Diele Küche und Sofa Besen Schwimmbecken Drahtumzäunung Steuerberater Gewichtsklassen Flugzeugprojekten und waschbaren Spitzenvorhängen. Aber allein will ich sein! Allein will ich sein mit meinem Bein meinen drein, allein! In die Wohnung kommt mir niemand, da gräbt kein Schliemann, da lernt keiner Spanisch, da tauscht keiner da rennt keiner. Zwischen meinen 4 Wänden bin ich der Herr hrrrrr. Sie hat ja ein Zimmer, sie braucht ja ein Zimmer ein Zimmer ein Zimmer zimmer. Sündteuer. Sünde sind heuer Haartrockner Strümpfe Schenkelblässe Waschungen am Waschbecken wie Sand wie Sauerkraut wie Säure wie Essig wie Ester Sünde. Wollte ihr anfangs 20 Mark beisteuern, steuern am Anfang dann laufen lassen, rinnen lassen, sich gehen lassen, jemand stehen lassen, sich abwenden umdrehen, in die eigene Hose seichen stinken andere meiden verschwinden, in Verstecken lauern, Wasser suchen, sich waschen hervorkommen, sich nichts anmerken lassen im Kafe sitzen Eindruck machen, fesch sein wollen, jung sind wir nicht mehr aber fesch, jung sein wollen, jung blutjung eisprungjung katzenjung fellweich, Katzenfelle tragen. Unter dieser Katzenfellunterhose trägt sie eine gestrickte. Und im Winter 3 darunter. Die alte Dame hat begriffen. Jetzt im Juni, fragt sie. Zwei. Ich habe mich auf meinem Stuhl versteckt. Spähe über das Oval des Glases. So ein Regen, wie es regnet. Frau Rita ergänzt. Sie leide unter einer Art Krankheit. Schon als Kind. Ich verstehe nichts. Der arme Leib wird schwitzen. In meine Wohnung kommt mir keiner. Sie schüttelt sich und überzeugt sich, daß sie allein in ihrem Leib wohnt. Ihr munteres Gesicht glänzt seidig und fett. Die farblosen Augen sind hinter den Augenwülsten versteckt. Frau Rita ist in ihrem Element. Und wenn sie die alte Dame auffordert sich zu äußern, wenn sie weiterschwatzt, schnuppert, mit einer Hand die Frisur unterm Hut ins Gleichgewicht bringt, dann verläßt die alte Dame Frau Rita. Die sitzen bleibt als erwarte sie noch jemand.

Was wundert es, daß ich endlich, Frau Rita suchte doch offensichtlich die Nähe meines Tisches, meine Nähe, bei Frau Rita sitze, an ihrem Tisch, war doch auch ihr Erzähltes für mich, zumindest für eine Umwelt gedacht, aber die nächsten Tische sind leer, da. Nun will ich alles ohne Ducken und heimliche Verrenkungen erfahren. Sie ist kurz angebunden, schnippisch, bin froh, ihr von den vergangenen Tagen her bekannt zu sein. Wer weiß, vielleicht findet jedermann bei Frau Rita einen Platz. Wenn mich Zeit und Pflicht bei diesem Regenwetter nicht bekümmern, wie sollten es die Gepflogenheiten Frau Ritas? Trotzdem, ich bin aus den Wolken gefallen.

Wetter was!

Wische wasche

Wie?

Drische drasche

So beginnt meine erste Vorstellung. Frau Rita gibt sich ungläubig und gelassen. Ich schweige – ihr Gespräch wartet. Sie versucht das Sprechen. Ich höre nichts. Ich weiß nicht, wie meinem Hirn geschieht. Wie ein Regengebiet breitet sich dieses Gespräch aus. Der Regen ja. Meine Unfähigkeit zu erfassen, auseinanderzuhalten, was sie meint. Sie meint wohl nichts, spricht. Sonst sitze ich zuhause und tu nichts, vielleicht eine Nachricht, was schert sie mich. Dann geh ich wieder ins Kafe. Frau Rita und die alte Dame scheinen längst anwesend zu sein, Frau Rita hat mich längst gesehen und vielleicht längst erwartet, ich gehe längs der Teke und lasse mich in Frau Ritas Nähe nieder, wieder der Anblick, wieder ihre Zähne, wieder Zärtlichkeit, die sich in mir regt, wieder? Wieder ist sie in der Rede beschäftigt, wieder ihr Strickzeug, das mein Hirn verstrickt, versuche ich gleichgültig zu sein? Pesch höre ich, Russen Granatfeuer, in meine Ohren ist der Krieg gezogen peng peng, krepierende Geschosse, zertretene Blumenkästen Kohlköpfe Männerköpfe Penisse: Daher Peitsche kleine ich will dich mosten, Leibschmerzen kleiner Mädchen großer Mädchen, Scheidenrisse au auwauwau wimmern pesch ein weibliches Geschlecht, eine Wunde ein langer Schnitt ein Stück liegendes Fleisch eine aufgeschreckte liegen gelassene Straße, eine tote Hand unter einem schweren Gewicht liegt, Rückstände, Kind, dem die hinuntergerutschte Unterhose hochgezogen wird, Foto, ein Blech vielleicht ein dunkelblauer Kotflügel eines Lastautos Regen fällt in schluckenden Staub ein durch ein angelaufenes Fenster verwischtes Astwerk, Wolkenerweichungen in denen die Sonne Farbe macht zum Übelwerden

Bin ich allein hier, päh Löwenbräubier, reißen die Glieder hier, strafft sich ein Müder hier, ein Mieder, greif ich hinein bin ich ein Schwein, hohoh rutschts im Kehlsack, wo ist das Geschlecht? Ist die Kunst hier? Hab ich ein fremdes Gesicht, bin ich aus Frankfurt, tramp dann nach Salzburg? Ist alles fremd hier? Bin ich allein hier päh Löwenbräubier, ist die Kunst hier, wie schaut sie aus, wie wird sie eingesetzt, wie kann man sie erkennen wie schaut sie aus, wie läßt sie sich hinausschmeißen, ist sie fremd hier? unangebracht? unverschämt? frißt sie Nudeln? ein widerwärtiger Anblick im Kafe. Das übergeht Frau Rita, sie ist ganz auf ihre Haltung bedacht. Ich staune wie sie sich sitzend in die Höhe schraubt. Das steht ihr auch. Frau Rita schiebe ich manchmal nichtssagend ein, wenn sie allzu forsch und beherzt gesprochen hat. Welch eine Jugend, muß ich unwillkürlich denken, diese Jugend Rita, keine vielen Jahre, kein übermäßiges Gewicht kein abfließender Körper, sondern ein wachsender Gang, eine schöne Hüfte eine zarte Scham, ein klares Auge. Im Eifer schnüren 2 Querfältchen ihre Oberlippe ein, die Tränensäcke schwellen unauffällig an in der Anstrengung dieses Gehabes. Ach, denke, ich, die, 55, hängen, sich, schwer, an die Augen, ich kann kaum reden. Aber wer übersieht das nicht wenn sie flink den Maschenhut, der wie ein Kamelreiter durch Turkmenistan Usbekistan Tadschikistan Kirgisistan in die Wüste Takla Makan reitet, die Proportionen der Frisur verschiebt, mit einem Schub zur Vernunft bringt, der von Frau Ritas Worten gedrängt, schleichend ermattet zwischen den Gebirgen Kuruk-tag und Altyn-tag im Land Sinkiang in die Wüste Gobi oder Schamo in die Mongolei weiterreitend die Deformierung des Haargebildes erneut aufnimmt. Hat der Tramp seinen Hunger gestillt? Schlägt er die mit zerfransten Tennisgaloschen beschuhten Füße von sich gestreckt übereinander? Er fummelt an seinen Fingern. Von Frau Rita nimmt er keine Notiz. Sie bemüht sich doch, ihr Gesicht wird rot, will sie, daß ich mich zu ihm setze? Er bietet mir einen Stuhl an. Er kommt von Frankfurt. Man hat ihn dort in eine überdachte Sandarena eingeladen. Eine Art Fest hielt man, ein Künstlerfest. Nach der ersten Einlage habe er das Fest wieder verlassen, es hätte anders ausfallen sollen würden die Teilnehmer nicht soviel Geduld gehabt haben es würde das nächste Mal schöner sein werden, übrigens standen alle herum mit Limonaden und kleinen drinks, sonst gab es nichts zu trinken. Er will mir die erste Einlage doch erzählen

kunst in der arena

tam tam tamtaratam. huhu das eis in den limoneidengleisern wird geschüttelt. die mänge öffnet öne gasse. offen. tam ein bär tam mit einer tam trommel einau wildsau und ein zeisig. tam gru tamtam grupie pie zip eine runde in der arena das publika schmatzt die drei tam in der mitte der arena der bär der legt die trommel ab. Er öffnet eine Hand und hält sie mir flach unter die Augen: Die dummen Gesichter hätten Sie sehen sollen: das Gesicht nämlich ließ die Maskerade der Aufgetretenen allein frei. sie scheinen was abzublenden der zeisig ist leise er bückt sich tief stützt sich auf die trommel tam der bär der zieht den reißverschluß am hinterteil des zeisigs seinem mantel runter der zeisig hat eine roto popo, popo italiano pompeianisch rot, zum erstenmal scheint der Tramp Frau Rita zu sehen dann kramt der bär im äfter des zeisigs herum er fingert einige würmeleinchen heraus sie werden aufs trommelfell gelegt. die beiden tauschen, kommen Sie mit? ich rede langsam und Sie schreiben schnell. der bär bückt und stützt sich der zeisig öffnet den hinterlatz des bären der bär hat einen weißen popo hoho grosso wie der Septembermond des zeisigs hand schlüpft rein raus schafft nichts nennenswertes ans tageslicht lili doch er arbeitetetetet 1 GROSSEN kääsikiken siebenringigen wurm legt der zeisig aufstrommelfeller bewegtsichkaum alle wissen wie ein finger der hand unter der bärenpranke. das schwein verzichtet auf seine schanze gegen diesen wurm ist es mit seinen drahtwürmern machtlos. der bär steht noch gebeugt von der heimsuchung er wartet auf ablaus da kommt er die zuschauer werfen ihre eisstückchen auf den fleischigen weißen huhu tam tam grugruzip. Aber an unseren Tisch will er nicht. Frau Rita betrachtet gelangweilt den Regen. Sie wartet. Sehen Sie: Frau Rita, sage ich. Er verließ das Zelt nach dieser Vorstellung, sagt er. Auch mein Püppchen fand nichts dran. Na fordert er mich auf, setzen Sie sich wieder zu Ihrer Ollen, strahlt ja wie ne Pfingstrose. Auch so ein Dromedar, denke ich mir. Dromedar ist griechisch und heißt auf deutsch Kamel. Mein Kamel ist tot. Wie weit mag nach dem nächsten Ort sein, Sair-ussu oder ist es nach Delgirchangai näher. Frau Rita läßt ihren Stuhl scharren. Ich kann sie nicht allein sitzen lassen. Schweigend deutet der Tramp um seinen Zeigefinger ein Volumen an, das dem des Wurms gleichkommen mag. Er rührt den Finger träge. Er grinst. Zum erstenmal seh ich sie klar vor mir wie eine Fata Morgana. Viele Stühle stehen mir im Weg. Frau Ritas erwartungsvolle Haltung bedrängt mich. Ich zucke die Achsel. Sie erhebt sich? will selbst zum Tramp? ihm ein Zimmer anbieten? mit ihm glücklich sein, kann er besser segeln, besser tanzen länger schlafen? Ich bin entschlossen diesen Mann nicht an Frau Ritas alte Messinghähne in der Herzogspitalstraße zu lassen, von denen sie mir erzählt hat. Ich stehe hinter ihr, ich beobachte sie, ich bin bereit, sie am Arm zu fassen und zu sagen: Halt liebe Frau. Sie geht an ihm vorbei in den Flur zur Toilette auf den Petersplatz in die Peterskirche auf den Rindermarkt über den Marienplatz am Rathaus vorbei in die Theatinerstraße zum Odeonsplatz in die Ludwigsstraße, Leopoldstraße Ungererstraße Schenkendorfstraße zur Autobahn in die Natur. Die Sonne die Sonne sonne scheint mein Wasser ist alle, ich wringe den Pullover aus, ich wringe den Proviant aus ich wringe die Landkarte aus ich ringe mit den nächsten Flüssen mit dem Ongiin im Norden dem Orchon Selenga Rginkol die im Selenga in den tiefsten See der Welt münden im Süden der Edsin-gol Hwang-ho Jangtsekiang Do-tschu Ur-tschu wie Schlangen. Ich warte noch ein wenig bis ich zahle. Das Kamel ist tot. Ich warte noch ein wenig bis ich zahle.

Ist das Auto kaputt?

Fast täglich treffen wir uns im Kafe. Daß ich mich frage, wie es wird, wenn die niederschlagsärmeren Tage kommen, ein Gedanke, den ich nicht schätze. Fast täglich regnet es gleich stark und meist vom Westen. Wörter Wendungen Schiffstypen Motorboote Segelboote Atomboote, zuweilen bleibt die alte Dame aus. Frau Rita handhabt ihr Gehabe, als bediene sie eine Maschine, die nur jetzt läuft, steht und ohne sonderliches Brummen mit dem zweiten Gang anfährt, ein Motor, zu dessen Ganghebel ihre Hand wie eine Mädchenhand fliegt, liegen bleibt auf ihm, sie ist auf 15 Stundenkilometer heruntergekommen und gibt im vierten Gang Gas, ohne heruntergeschaltet zu haben, eine fünfsitzige viertürige Limousine mit 1000 ccm, 40 PS und einer Reisehöchstgeschwindigkeit von 125 km die Stunde: Viergang-Vollsynchrongetriebe mit Knüppelschaltung, überdimensionierte hydraulische Vierradbremse (Bremsfläche 770 qcm), Einzelradaufhängung mit Schraubenfedern, beidseitig wirkende Teleskopstoßdämpfer und Drehstabilisator vorne, großer Kofferraum und viele Extras, aber wir fahren dahin, als seien wir nur vom Rückenwind getrieben. Kann ich mir nicht vorstellen was Frau Rita vormittags macht? Sie liest überm Tisch den Münchner Merkur, bis es Zeit wird fürs Mittagessen was herzurichten, sie sitzt in der Stadt rum auf öffentlichen Plätzen im Alten Botanischen Garten, im alten Friedhof an der Thalkirchner Straße, liest an einem pompösen Grabstein Senefelder, Erfinder der Litografie, weiß nicht was das ist, im Englischen Garten sieht sie Studentinnen auf dem Reitweg hoch zu Roß, unterscheidet den Trab nicht vom Galopp, im Botanischen Garten sieht sie nur die Farben im Tierpark tummeln sich alle Tiere auf die nämliche Weise, im Deutschen Museum zeichnet ein Kunststudent ein Auslegerboot von der Südsee, im Hofgarten riechen die gelben Veilchen in der Hitze süß, an diesem Tag genießt sie die Naturschönheit mehr als an übrigen. Ist das nicht zu anstrengend, zu kostspielig, Mädchenbeine zu betrachten, wenn die eigenen Scharniere krachen? Das Kamel ist tot! Ißt sie zu Mittag einmal mehr ein Mus, weil es so rasch bereitet ist, so leicht zu essen ist, der Verdauung so gut tut. Vielleicht verdient sie sich durch auswärtiges Geschirrspülen zu ihrer Rente, ich weiß nicht wovon sie lebt, was dazu. Es könnte auch sein, daß sie vormittags vornehme Hunde ausführt, Frau Rita mit einem Windspiel. Die alte Dame bleibt nicht mehr lange. Sofort sitzen Frau Rita und ich beisammen. Und beinhaltet immer den Krieg in Pesch. Pesch friedlich Pesch ängstlich Pesch lebendig Pesch gleichgültig Pesch überfallen zerschossen geplündert eingeäschert Pesch ausgelöscht pesch. Und immer wartet sie lange, bis sie erzählt wie sie dieser Hölle entkam. Sie hatte sich unter einem Lkw verkrochen, man zog sie hervor und steckte sie unter die Plane, raste aus dem in Staubwolken verschwundenen nicht mehr gewesenen Pesch und wurde ohnmächtig. Ich bin an dieser Geschichte wenig interessiert, Krieg ist meine Sache nicht. Wenn ich mich für Schiffe interessierte, wüßte ich was über Schiffe zu schreiben, kennte den Golf von Oman den Golf von Manaar, ich wär über den Filippinischen Graben gefahren, 10 000 m Wasser unter mir, Kamel! Bis sie auf dieses schmucklose Wunderbar kommt. Sie scheint nicht erpicht zu sein, hinter dieses Wunderbar ihrer Rettung zu kommen. Auch mich könnte eine Erhellung nicht reizen, ich lege keinen Wert auf letzte Einsichten, geringe Spiele sind mir lieber als große Enttäuschungen. Das Wasser der Bach der Fluß der Strom das Meer der Ozean, nicht zu verwechseln: der See und die See. Ein Speichel trieft mir aus dem Mund, so ein Jammer ist das jammamajamajamm, das Wort Jammer setzt sich über das Elend hinweg, das Wort Wasser setzt sich über das fliessessende sick ick ick ernde hinweg das umschpülschpülschpül das Trockenwerden wieder Naßwerden, das Verdunstende Kondensierende Regnerische wie Kochende hinweg, das Wasser muß dem Wort Wasser entzogen werden, wasser ist nichts als ein Wort, 6 Buchstaben, für das Wasser sind die Dinge Damm Kanal Düsen, die Wörter Damm Kanal Düsen können auch küsal damen sein, Sand, den der Wind mischt wie er will eigenschaftsloser lebloser eingebildeter Sand, Laut der Stimmbänder Bewegung der Zunge Schweigen der Augen die Ohren sind stumm, kein Wasser, Wüste das Kamel ist tot, es liegt vor mir, der ziemlich kurze Kopf mit der gestreckten und aufgetriebenen Schnauze, sein sanfter offener voller Blick starr, der freilich in starkem Gegensatz zu seinem halsstarrigen und launischen Charakter stand, es frißt keine Salzpflanzen mehr, die Blätter des Baumes Saxaul, kleine Schuppen bleiben ihm versagt. Noch schlägt ein Bein. Frau Rita erzählt noch wie sie Anschluß an einen Flüchtlingstreck bekommen und wendet sich anderen Temen zu oder Termen oder Tannen oder Wannen oder Wünschen oder Wein Wasser Regen

Tibet

Heute merke ich, daß die beiden Kleinen gern mit dem Schuhputzzeug spielen, das ist in einem Holzkistchen mit Deckel, den Judit auf und zu klappt. Zu Beatmusik aus dem Radio nehmen sie nicht völlig ausgequetschte Tuben und heben eine nach der anderen beidhändig über den Kopf. So nach 4 Uhr nachmittags ist die Zeit, da mir die Sätze irgendwie über den Kopf steigen, irgendwie freier über dieser endlosen Bienenwabe, die nach Ansicht der Astronauten wie ein Safir im schwarzen All wie auf schwarzem Samt liegt. Ich glaubs schon, daß es so ist. Ich hab da eine Aufnahme aus dem Westermann-Heft, mit einer Ansicht Indiens unter Wolkenfeldern, rechts die Insel Ceylon mit üppigem Dschungel und braunen Steppen. Schwarz hebt sich der Himmel an der Horizontkrümmung von dem sonnenbestrahlten Erdball ab. Und oben, auf der Horizontkrümmung ist Tibet anzunehmen, in Tibet wohn ich. In einer Hütte, aus der, wie wir hoffen, einmal der junge Dalai Lama fortgeführt wird, der uns alle glücklich machen wird.
Steh schnell auf, heut ist ein schöner Tag. Du brauchst dir bloß die Wolken anzusehen und alles wird dir dazu

gefallen. An diesem blauen Licht hängt alles wie Verdreckung am Bauchfell eines ungarischen Hirtenhunds. Der ich unter dem Hund liege, hebe eine Hand über den Hund hinaus. Sie ist schon so fern, daß es einfach nicht anders geht: sie ist glücklich, Wolken um den Ellbogen. Mein Bilderbuch wird ja abstoßen. Meine Mutter sagte mir heute am Telefon, daß sie gestern abend im Bett noch las wie Hemingway weinte, wenn er wieder so einen vorgedruckten Verlagswisch bekam. Wenns hochkommt, schreibt so ein Lümmel: Wenn Sie mich fragen, wo Sie mit Ihrer Arbeit stehen: persönlich vor dem, was ich seinerzeit von Ihnen las, literaturgeschichtlich ungefähr 1955. Wahrscheinlich urteile ich etwas kopflastig, aber es ist nun einmal der Kopf, mit dem ein Text zuerst zusammenstößt. Da kommt so ein Klo mit seinem Kopf, da kommt so ein Kopf mit seinem Klo, oder wie soll ich sagen. Bei uns wird es ja am Abend schnell so kalt und das Auge glasig starr. Die Dinge im Zimmer bleiben liegen, die beiden Kinder sind in ihrer Kammer, die Tuben, Bürsten bleiben liegen, alles bleibt liegen, weil es nicht mehr angesehen wird, der Hausschuh, er liegt, die Sohle nach oben, bewegt sich keinen Zentimeter. Die Musik macht weiter wie Rauch aus einer eben geplünderten Hütte, deren Tote um den noch brennenden Herd liegen, als seien eben wieder chinesische Soldaten dagewesen und hätten wieder ein Dorf gebrandschatzt, in dem sie tibetische Untergründler vermuteten, so wie das die Amis in Vietnam machten, machen.

Als mein Großvater, während in der Mariahimmelfahrtskirche die Heilige Messe war, auf der Donaubrücke stand und Wien aus der Donau roch, er kaufte sich 40 Jahre später ein Haus in Wien, beschloß er wohl, eigentlich gehörte Pumpenberg, schon in den Bergen, woher er stammte, zur Pfarrei Seebach, weil er so gern Lehrer werden wollte, was es seinen Leuten nicht litt, abzuhauen. In Halbschuhen und einem Sommeranzug lief er weg. Zuerst fuhr er mit einem Pferd im Spessart als Jagdgehilfe Hirsche füttern. Er kam dann von Wien zurück, er mußte in den letzten Kriegstagen fliehen, vorher schon hatte er sich mit sämtlichen Parteien in seinem Mietshaus verkracht, das er nach der Heimführung Österreichs durch die Nazis von einem Juden verboten billig gekauft haben soll, vor allem weil er einer Partei, die auf sein Geheiß ihren Kater nicht wegschaffte, den Kater erschlagen und ihnen das Tier vor die Türe geworfen hatte. Aber sein Sinn für Grundstücke ließ ihn gleich nach dem Krieg per Fahrrad rumfahren und welche spottbillig aufkaufen, und er stieß sie mit mächtigem Profit wieder ab. Er ließ sich dann in Starnberg nieder, wo ich ihn zu seinen seltenen Namens und Geburtstagen besuchte und jedesmal 50 Mark bekam. In Pumpenberg bin ich öfters gewesen. Im Januar 59 haute ich an einem Vormittag nach der Rückgabe einer Schulaufgabe ab, ich hatte keine sonderlich schlechte Note. Aus der Schule durch die Stadt in den Gäuboden hinaus 20 Kilometer laufen gehen im Pullover, es war hohe Bewölkung, am Horizont dunkel, die Sonne manchmal ein naher Flecken Brei, Rudel Rehe bis zu 8 Stück standen in den weglaufenden Feldern beisammen, ein Auto nahm mich 10 Kilometer mit und dann fuhr ich mit dem Zug zurück. Irene. Hier bietet sich ein tiefer Riß an, an dessen Ufer ich sitzen bleiben könnte, bis meine Augen langgezogen im Wasser fließen, aber auf den Steinen, die aus der Oberfläche ragen, balanziere ich ans andere Ufer, mein Kamel am Saum folgt mir blind nach. Einen Tag etwa sind wir unterwegs, ich kann mich schon wieder etwas geordneter erinnern, daran, wie die Toten um den Herd lagen, ich habe die Reihenfolge im Kopf. Ich such die Rücken unserer paar Bücher ab, aber in keinem steht etwas über Tibet. Ich schreib jetzt an Peter in Würzburg, damit er mir schreibt, was ich ihm neulich in dem Schwabinger Kafe von einer eventuellen gemeinsamen Reise nach Tibet erzählt habe, was er noch weiß. Ich nehm eine Karte von Florenz, Piazza della Signoria, der Palazzo Vecchio, das erstemal in Florenz wars ja scheußlich, vielleicht wirds beim zweitenmal besser, soll ich da noch hinfahren?

Kurz vor 2 Uhr stehen Leute vor der Sparkasse an, am neuen Feuerwehrhaus streicht jemand Fensterleisten, inzwischen hat jemand die Kaminkehrerrechnung vom letzten Jahr in den Briefkasten geworfen. Das ist überflüssig. Eine amerikanische Mondrakete ist erst wieder für Ende Februar geplant und auf den Frühling warten jetzt erst ein paar Alte, deren Atem kurz ist in der Kälte. Für mich ist der Winter sowas wie Frühling. Wenn alles in Schnee erstickt, die Autos quertreiben und entfernt Schifahrer über das Weiß ziehen, dann hängt mein Geruchsinn wie ein Tapirpenis bis zum Erdboden, dann hab ich einen Kopf beisammen wie ein Bach, in dem Forellen stehen, dann seh ich von hinten durch 10, 20 Autos 20, 40 Scheibenwischer fliegen. Dann erinnere ich mich an alle Trümmer, die inzwischen von dem, was ich einmal gesehen hab, weggeflogen sind, dann steh ich mit einem Fuß am Golf von Neapel und mit dem andern in unserm Zimmer, und der Vesuv und die Kautsch drehen sich, dann könnte es tatsächlich sein, daß eine Narzisse schön ist. Kann eine Narzisse jemals schön sein, eine Hochzeit glücklich machen? Ich meine, eine Arbeit kann wirklich Scheiße sein. Ich werfe vom Balkon eines ersten Stockwerks Balken hinunter, bleib an einem Nagel hängen, werde mitgerissen, kann im Flug die Jacke nicht auslösen und pralle mit dem Balken auf, Wirbelbruch, muß in ein Gipskorsett, bleib gelähmt, dann mag es sein, daß ich so blöde geworden bin, an einem von einem Besuch entgegengebrachten Narzissenstrauß verrückt zu werden, aber weil er so schön ist? weil meine plötzlich unsinnig vielen Möglichkeiten wie eine wilde rossige ungedeckte Stute davonpreschen. Selbst am Hund, mag hinter einem Blumenkopf kein hungernder Negerkopf zerfallen. Der Absatz ist ja schlecht, seine Bestandteile heben sich kaum ab von dem im Kopf, in dem sie sonst rumfliegen. Wenn ich mit einer Fackel vor die Hütte renn, stieben die Wölfe auseinander, je größer die Fackel desto größer der Lichthof, desto entfernter die Wölfe, die es fast zerreißt, in den Lichthof zu springen. Ich laß einen Wolf herein: Wenn Gott möchte, wäre für uns vieles leichter. Einmal besaß ich eine Taschenlampe, eine Stablampe, mit ihr schnitt ich Kegel in die Wölfe wie ich wollte, doch die Chinesen nahmen sie mir gleich wieder ab: Wozu brauchst du Licht in der Nacht, spazieren zu gehen? zu spioniern? 8 Wochen Zwangsarbeit. Wenn ein Chinese was sagt, ist alles so klar: er macht den Mund auf und spricht chinesisch. Unsere Sprache ist das verachtungswürdige Kauderwelsch unsicherer Feiglinge, das Gegrunze von Kameltreibern. O Gott mich hauts gleich um. Nicht wahr, wir in Tibet haben das Gebet nach dem Teetrinken, weil man da ein besonderes Bewußtsein über seine Zähne hat, wobei man in ruhiger Haltung minimal das Gebiß auf und zu macht. Das übten wir, die Gefährdung von seiten der Chinesen ertragen zu lernen. Jetzt sind sie da.

Letztes Jahr im März machte ich einen Versuch, Chinesisch zu lernen, ich las Werthers Leiden – dieser Satz ist so verwirrend: ich kann nicht mehr völlig ins Tibetische schlüpfen, irgend etwas zu zitieren ist schon chinesisch, könnte ich doch soweit Chinesisch, aus allem den Schluß gezogen zu haben. Auf der Autofahrt mit Hartmut Anfang Mai von Deggendorf nach Füssing, hinter Vilshofen in der Gegend von Ortenburg, auf der Schule hatte mich ein Lehrer mit Werther verglichen, blühte soviel Löwenzahn, es war ein heißer Maivormittag, Hartmut am Steuer hatte Fieber, meinte ich durch Löwenzahnwiesen fahrend, sie zersprengen zu müssen, so revolutionär war ich gesinnt. Der Arzt in Füssing war nicht zuhause. Manchmal hab ich Anfälle von Chinesisch, dann möchte ich meine Angehörigen in die Luft sprengen, weil sie wie alle Tibeter nicht Chinesisch verstehen. Dann bin ich der einzige Chinese, aber unfähig, in meinem Dorf der chinesischen Ideologie zum Durchbruch zu verhelfen, nur plündern rauben brandschatzen, diese Schlafmützen wenigstens auf das Kommende aufmerksam zu machen. Und dann sind die chinesischen Truppen gekommen und haben geplündert und gemordet als wären sie auch nur eine Vorhut, und dann kamen die chinesischen Behörden und haben gemordet als wären auch sie noch eine Vorhut, so wird es weitergehen, bis der Kaiser von China persönlich nach Tibet reitet, dann wird alles gut sein, aber bis dahin – Wolf! Dann kommt das Glück, eine unübersehbare Kamelherde, die Sonne wird unmittelbar über den fernsten Kamelrücken aufgehen, kein Zipfel Land wird zu sehen sein vor lauter Kamelen, wir werden an unseren grünen Berghängen uns drängen und staunen: Soviele Kamele, die fressen unser Grün, wir werden auf unseren Yaks fliehen, wir werden ins Bauchfell unserer Yaks verkrallt abhauen, unsere Kamele laufen ja zur großen Herde über. So kann man nur spinnen, wenn man schon auf der Flucht ist und nasses Schuhzeug einem im Schlaf quält, die grünen Hänge Tibets fliegen ja zurück wie die Erde vom Pferd eines mongolischen Botenreiters vor 700 Jahren. Als ich vor 700 Jahren in Tibet war, träumte ich, daß die Leute von Lhasa kommen und meinen Sohn zum Dalai Lama machen, er hat doch immer so vor sich hingeblickt, als bereite er sich auf diese Göttlichkeit vor, hatte ihn jemand angesprochen, erinnerte er sich freundlich an Dinge, die nie gewesen sind aber gut einmal sein hätten können, und alle staunten. Einmal sprach er von einem weißen Kamel und 2 Jahre später wurde in unserem Dorf ein weißes Kamel geworfen. Er hatte seine Profezeiung schon wieder vergessen. Ja, 700 Jahre, das wäre eine Länge, meinen Schmerz über den Verlust meiner Heimat auszudrücken, das wäre etwa die Entfernung von Lhasa nach Paris, die ich zum erstenmal vor etwa 700 Jahren zurückgelegt habe. Vor München lag

Schnee, über einen Obstgarten flohen Krähen, mein Pferd dampfte, ich hatte die Ahnung, wieder zurückreiten zu müssen. Ich wußte nicht, wie sich der Wölfe erwehren, Engländer hatten die Gegend um Paris verwüstet. Im Lauf von 700 Jahren vergeßlich zu werden, mein ich, ist nicht verwerflich. Mein Großvater wußte mit 82 noch genau, wohin man kommt, wenn man von Starnberg nach Osten geht, nämlich nach Moskau und dann nach Japan, wie er mir sagte, ich tippte aufs Kaspische Meer, das hatte er vom SPIEGEL, weil ich für dieses größte Binnenmeer eine Schwäche habe, den er jede Woche las, diese Unmenge Salz erinnerte mich an Tibet.

Wenn ich früher bei – 5 Grad ohne Handschuh per Rad zur Schule fuhr oder heute bei –8 Grad ohne Ohrenschutz zum Kindergarten ging, was bedeutet das schon gegen jetzt, da ich durch Kaschmir fliehe? Was wurde mein Matelehrer verrückt, wenn ich eine geometrische Zeichnung mit Wasserfarbe tönte, was ist das gegen die Fettflecken auf meinem Schreibpapier, verursacht von Andi, weil er seinen Löffel in der Pfannenkuchensuppe plantschen ließ. Diese Kälte, dieser Schnee, diese Kälte. Mein Großvater also starb mit 83 zwischen Kerzen Ende Mai am einunddreißigsten oder eigentlich wie ein Schafbock zwischen Scheune und Stall, wo der mit dem Hammer eine auf den Kopf kriegt und dann die Gurgel durchgeschnitten wird. In Tibet aßen wir zum Schaffleisch Kraut aus Weißrüben, das gab einen scharfen Urin. Nun hat er die Toten nicht mehr um den Herd gesehen, diese mächtigen Fersen, die senkrechten Füße, die das Feuer vergeblich kitzelte. Wenn ich in der Küche hantier und Judit im Wohnzimmer weint, selbst wenn ich gleich komme, hat sie beide Augen voll Wasser starr blitzend, das ist der Blick derer, die ich um den Ofen gereiht habe, weil ich gerade im Stall gewesen bin und der Häsin in die Wampe nach den Jungen griff, wann sie sie endlich würfe, da sie sich schon längst

Haare ausgerauft und ein Nest gemacht hatte, blieb ich verschont. Ebenso wie der Kranz Kamele, die hinterm Haus auf ihrem im Schnee ausgetretenen Kreis herumtrabten. Jetzt hab ich für hinten vergessen, was ich von Walser schreiben wollte. Das noch zu diesem Abschnitt: überlege ich mir, was der größte Schmerz ist, der mich gepackt hat, dann war es der, daß Paris soweit entfernt ist. Ich kam wieder und wieder nach Paris, aber wie oft gehe ich zum Beichten und bleib derselbe, ich erreich es nicht.

Diese Kälte, hörte ich oben auf. Jetzt schreib ich am nächsten Abschnitt und mitten drin, hab Platz freigelassen, oben weiter. Ich bräuchte Platz, das Papier auszulegen, dann finge ich mit allen und immer neuen Absätzen an, so wie die Mayas im Urwald ringförmig um den Urwald ihre Städte anlegten, die erst Städte wurden, wenn die Stadt von außen zu einer Stadt zusammengewachsen war, dann wurden sie aufgegeben. Warum so, weiß niemand.

Aber die Kunst Tibets zeigt auch einen gewissen zentralasiatischen Einfluß, ein Hang zu überschwenglichen Formen und einer verschwenderischen Anwendung von Vergoldungen und Einlegearbeiten mit farbigen Steinen, was dem Ganzen das Aussehen einer barbarischen Üppigkeit verleiht. Mir gefällt z. B. was aus dem neuen Westermann-Heft, der Text zu Abbildungen von Watteau, hat Rita das Heft wieder verzogen, brauch jetzt den Text zur Bewußtseinsbildung für die Sätze nach ihm, da: Man bricht mit vielen süßen und zarten Verzögerungen auf, ganz ohne Hast, zu Paaren geordnet schimmernd von Seide gehend, schreitend, sich verneigend, aufhebend und gleitend über einen sanften Rasenhügel hinweg wie mit unbestimmtem Plan, Einschiffung nach Kytera, rückwärts und vorwärts blickend und wohl auch denkend, eilend und verweilend zugleich mehr nachdenklich anmutig als leichtsinnig galant. Ohne wirkliches Ziel und Handeln also. Das muß sich ändern. Ich schreib hier in der Mitte dieser Sache noch weiter, weil ich die Schlußsätze nicht mehr verwischen darf, was am Schluß steht, soll wichtig sein und bleiben. Jedenfalls haben die Meditationsabende vor der Butterlampe ein Ende. Wenn ich über die letzten Hügel bin, von einem Hügel erblickte ich bereits die Fabrikschlote von Taschkent, werde ich mit Zwischenlandung in Kiew und Prag nach München fliegen. In München werde ich einen Artikel verkaufen über die sog. Achternbusch-Pferde. In der salzigen Hochsteppe der Dsungarei stieß ich nämlich auf einen Achternbusch-Hengst und 7 Stuten. Ein Tier, das seit 15 Jahren als in freier Wildbahn ausgestorben gilt, hab ich wieder entdeckt: ein Stammvater unserer Hauspferde. Einst donnerte der Hufschlag gewaltiger Wildpferdherden über die endlosen eurasischen Ebenen von der Wolga bis zur Mongolei. Während der Eiszeit bevölkerten sie sogar die eisfreien Gebiete Mittel und Westeuropas sowie das damals grüne Nordafrika. Über die Jahrhunderte hinweg schienen die Steppen der Mongolei ein unerschöpfliches Reservoir – wie ich dazu kam, ist eine jähe Erinnerung: einmal ging ich mit meinem Vater, vielleicht mit 12, in einen Attilafilm, jedenfalls mit 15 bekam ich auf meinen Wunsch ein Dschingis-Kan-Buch, ich las es mit frisch operierten Mandeln, 2 Schlingen waren abgerissen, da las ich es, mir war so elend, eine ferne Wildheit wollte ich nie aufgeben, dann kam nach dem Abitur die Zeit der Butterlampe und jetzt schreibe ich, weil ich im Herbst, als Gerda nach Ingolstadt mußte, so einen Jammer hatte und zu nichts Lust und damit Gerda in den Ohren liegen mußte, wenn sie übers Wochenende nachhause kam, damit sie mich mild und bissig immer wieder aufmunterte, nicht aufzugeben, und ich im Oktober Hülle schrieb und liegen ließ, bis sie mich bewegte, sie wegzuschicken, über die mir Walser das Telegramm schickte: HUELLE PRIMA, und jetzt Unseld schreibt: Martin Walser hat sich erboten, ein Arbeitsgespräch mit Ihnen zu führen. Sie werden von ihm hören. Diese Walser-Umarmung nimmt also kein Ende, ich dachte, es wäre schon wieder vorbei. Ich erzählte dann Gerda und Peter, daß ich sooft aus dem Fenster hinausgeschaut hab, es war gegen abend rötlich, Bodensee, große Föhren am Ufer, Eichen, vorm Fenster wackelte eine zerbeulte Rose im Frost, sagte Gerda, daß man beim Gespräch sein Gegenüber anschaut. Peter, glaub ich, hat sich am meisten gefreut. Sein Wohnzimmer, sagte ich Peter, ist zweimal so groß wie eures, was ich inzwischen schon wieder zurückgenommen hab. Ich lernte von Walser, daß Hunde auf Zucker blind werden, weil ich dem Hund, von so teurer Rasse, daß ich den Namen vergessen hab, unbedenklich von dem Gebäck gegeben hätte.

Von meinem Vater weiß ich z. B. noch ganz genau, daß ihre kleinen robusten Pferde, auf deren Rücken sie seinerzeit weit bis nach Europa vorstürmten, sie überrannten alle Fußtruppen der Goten, angesichts der großen des römischen Heers einfach davongerannt sind: Nicht wir, die Reiter, haben die Schlacht auf den Katalaunischen Feldern verloren, beim heutigen Châlon-sur-Marne. Der in Gallien stehende Feldherr Aetius wußte, daß es gegen diese für ihn neue Waffe, unsere Waffe, ein Gegenmittel gab: ein größeres Pferd, der Fuchs, pflegte mein Vater zu sagen, er meinte Aetius, seine Pferde ähnelten dem heutigen Trakehner. Warum soll ich daraus nicht lernen, daß der Hegemonie unserer Parteien, unserer? nur mit einer Partei beizukommen ist, der KP? Mit ihren Gedanken müssen wir uns rüsten, alle Gedanken sind ihr dienstbar zu machen, alle Gedanken nützen ihr, so wie die jahrtausendlange Bereicherung der wenigen und die Armut der vielen unvermeidbar waren, um allgemeinen Reichtum zu ermöglichen. Freilich bin ich einer, der sagt, haut mir den Kopf ab, damit ihr die KP habt, das muß ich mir abgewöhnen, diese Energie muß sich umfunktionieren lassen. Jetzt ruf ich die Julia im Klub 16 an, weil sie eben einen neuen Titel angesagt hat,

und sag ihr, daß es eine alte Jazzplatte vor 1930 mit dem gleichen Titel gibt. Glatt fällt sie herein, sagt im Radio: Man lernt nie aus und so weiß man, wo die Leute ihre Titel hernehmen.
Im Tierpark an einem stillen frostigen Nachmittag mit den Kindern, der weiße Papagei allein auf seiner Schaukel. Im Sommer sagte ich zu Vater vor einem Tiger, daß die in Indien frei rumlaufen: Macht nichts, wenns dort ein paar von denen fressen, die verhungern sowieso. Vom Pfänder, wo Gerda und Peter Schi fuhren und ich in der verflixten Kälte rumging, am nächsten Tag auf dem Bödele, als es wärmer war, die 2 Stunden die ich auf der Straße runterging und der Fleischkäs mit einer Semmel in Dornbirn nach unserem Geld 60 Pfennig, dann kamen die beiden von der beinernen Abfahrt durchgebeutelt, jeweils Blicke von oben auf den Bodensee, Überlingen war nicht auszumachen. Schluß. Ah die Dächer von Paris, der Flug ist aber kurz gewesen. Mein Großvater ist auch einmal im Urlaub nach Paris gefahren und hat sich gefürchtet, weil das Zimmer nicht abzusperren war.
Vielleicht haben die grellen Farben der tibetischen Landschaft diese Vielfalt erzeugt, vielleicht drückt sich hierin aber auch eine gewisse naive, dem tibetischen Volk eigene Heiterkeit aus.
Peter rief an. Unseld tut mir gut, meinte er, ja, sagte ich, aber jetzt merke ich, daß ich doch nicht mehr so weiterschmarren kann. Ihm gings auch so, sagte er, als er neulich 5 Stunden im Kafe saß und schrieb. Es ginge schon weiter, meinte er. Ich weiß nicht. Da kann ich wieder lang mit Gerda reden, wenn sie dann kommt, heute ist Freitag.
Aus Peters Brief vom 13.1.69
Wenn Du einen Bericht über die Tibetreise erwartest, bist Du enttäuscht jetzt, ich versuch vergeblich, Einzelheiten hervorzuholen. Alles sollte zu Fuß gehen, dann aber mit dem Fahrrad anfangen, mit dem Esel weiterge-

hen, Geschwindigkeit und Fortbewegungsmittel der jeweiligen Zivilisationsstufe eines Landes angepaßt. Du hast davon geredet, was wir in den Ländern tun, es ist weg. Von Sven Hedin und einem anderen war die Rede, der aber auf Nummer sicher und geplant mit Riesenkarawanen durch Tibet gezogen sei. Von der Trockenheit und der Hitze hast Du gesprochen, jetzt kommt was vom Dahinziehen, von der langen Dauer. Von 3 Jahren. Ich dachte dabei an Gerda und die Kinder. Draußen auf der Leopoldstraße sagtest Du, ich hätte am Schluß mitgemacht, das weiß ich, aber nicht mehr was. Ich habe mal gesagt, ich kennte bloß den Palast in Lhasa, den wollte ich gern sehen. Hab ich gesagt, man sollte so eine Reise ohne Papiere Visa undsoweiter machen, man würde zurückgeschickt, hast Du gesagt, darauf ich: Wenn man es immer wieder versucht, werden sie einen eines Tages durchlassen, weil sie einen für verrückt halten. Du wolltest ein langes Gewand wie einen Umhang anziehen. Vielleicht hat mich auch mehr die Bettwärme der Bedienung aufgeregt.

Ich versuchs mal, jetzt also nach dem zweiten unfertigen Abschnitt ein neuer, warum so, weiß niemand, war das letzte im ersten. Beim Gongschlag ist es 19 Uhr, die französische Regierung hat Israel der Aggression beschuldigt und damit das totale Waffenembargo begründet, mamaman, sagt Judit, die vom Abendessen her – ich überlegte mir eben, wie die Sätze, die daherkommen, anleiten, ich schreib hier weiter – sagte Rita: Papa schreib weiter, weil sie einen Putzlumpen erwischt hat, zwischen Wohnzimmertisch und Küche, wo ein mit Wasser gefüllter Topf im Wasserbecken steht, rennt, das Wasser auf den Tisch plantscht und putzt, putzen ist ihre Leidenschaft, sie wischt durch die restlichen Trinkbecher, 2 Walserbücher, den Duden, Judit schreit laut, dann schrei ich laut Judit! dann ist sie ruhig, fängt wieder an, muß hinsehen, sie lacht, an Weihnachten bekam ich den Duden, mein erster, das alte Einbandkonversationslexikon von Großvater haben die Kinder zerfleddert, es beginnt mit Anker und endet mit Wohlfahrtspflege, was über Tibet drin steht? Andi kommt her, damit ich ihm den Kragenknopf aufknöpfe, er hat 3 schöne Hemden, die ihm letztes Jahr die Schwiegermutter schneiderte, vor 30 Jahren war sie Schneiderin, jetzt ist sie längst wohlhabende Kriegerwitwe, Hochland in Zentralasien, so ist es, in Zentralasien, da kommt keiner raus. Aufkommende Straßenglätte Frostmilderung und Neigung zu leichten Schneefällen 19.10

Sagen wir einmal: der letzte Abschnitt ist fertig, zu fertig, denn ich möchte gleich bei Zentralasien weitermachen, also Zentralasien, fangen wir mit meinem Großvater an. Jetzt hör ich aber auf und fang den nächsten Abschnitt über Walser, vielmehr mit meinem Besuch bei Walser an. Dazwischen, wenn nicht jetzt gleich, beginnt Joachim Kaiser mit seiner zehnten Sendung, um 19.30 im zweiten Programm über Literatur und Zeitgeschichte seit 45, was der alles weiß, soviel wie eine männliche Graugans. Wenn ich nicht schon monatelang auf eine Antwort von ihm wartete, schrieb ich ihm, ob er mir spontan schreiben möchte, was er von Tibet weiß. Tibet wär wohl für ihn der Elfenbeinturm, mhm, in Zentralasien ein Elfenbeinturm? in Indien ja ein Elfenbeinturm, da steht so was mal rum, wo die Leute auf der Straße verhungern, 30 jede Nacht in Kalkutta nach letzten Schätzungen aus der Schulzeit 10. Nachkriegsliteratur und Zeitgeschichte: Die Heimatlosen ...

Ich fürchte, Walser könnte mir jetzt schreiben, daß doch alles blöde ist, was und wie ich schreibe. Mit Gerda fuhr ich zu Peter nach Mollenberg bei Hergensweiler bei Lindau und rief gleich am Abend Walser in Nußdorf an, warum bist du in Tibet nie so präzis? Tibet ist groß und windig, da wird alles gleich zugedeckt von Sand Salz, Schnee abgeschliffen erfroren verbrannt, in Tibet betet der Wind gleich alles aus den Beinen, in Tibet viel reden ist soviel wie im Werbefunk stumm sein und jetzt, da die

Chinesen da sind, ist es am besten, nichts zu wissen, Affe sein und arbeiten. Jetzt schreib ich besser vorne vom Tod des Großvaters. Also rief ich an. Er sagte mir gleich, daß er mein Manuskript Unseld, Sie haben doch von ihm schon gehört? mit auf einen Schiurlaub gegeben hat, wovon ich keinen Durchschlag hab, das läßt der bestimmt wo liegen. Walser beschrieb, wie ich zu ihm käme. Ich paßte nicht auf, dachte: Martin Walser beschreibt mir, wo er wohnt. Nach Überlingen fuhren wir durch Österreich die Schweiz nach Konstanz, machten einen Abstecher auf die Insel Reichenau, wo wir die 3 alten Kirchen anschauten, kann denn so ein altes Fresko wirklich schön sein, kein Fragezeichen, nur ein Kastrat kann das sagen. Ich kann guten Gewissens sagen, daß mir die von Giotto ausgemalte Arenakapelle von Padua, obwohl Hartmut und ich endlos lang vorher nach einem Parkplatz suchten und uns beiden an diesem Vormittag übel war, nicht gefallen hat, beim Anblick von so was rührt sich einfach nichts in mir. Wie schrecklich ist das immer, sobald mir jemand seine Wohnung zeigt oder seine künstlerischen Produkte, und ich soll wissen, ob sie schön seien. Wenn uns Peters Mutter ein Müsli vorsetzt, sag ich gut, das schmeckt. Wer den Himmel von Tibet gesehen und gehofft hat, daß sein Sohn Dalai Lama wird, der kann nichts mehr schön finden, schön, an einem Wort mit ö ist ja nie was dran, Goethe hat Glück gehabt ö ö ö blöde. Dieses Rumfahren um den Bodensee gehört eigentlich zu den Mayastädten vorne.
Ich mach am Abend von der Zeit von 8 bis 12, da ich herumsitze, oft die Verandatür auf und geh hinaus. Heute schneits weit weg unten am See äh äh eine Ente, ich geh herein, verzerr das Gesicht zu einem Schrei, schrei nicht, zerknüll ein Papier, das für die Heizung weggelegt ist, sonst nichts. Eine Schneeeule. Ich geh auch vor die Tür, mir mit der großen Schere die Fingernägel zu schneiden, die Nagelschere ist mal wieder nirgends, es schneit. Ich brauch irgend Lappenzeug um die Füße, ich kann barfüßig nicht länger stehen als ein Pinkeln.

Ich werde im Lauf des Tages die gestrigen Abschnittslücken auffüllen, ich hoffe das Wort auffüllen zeigt meinen heutigen Jammer, der gestern beim Schreiben schon einsetzte, hundert gleichzeitige Abschnitte können ihn nicht aufschlucken und leere Abschnitte ihn nicht beschreiben – gerade jetzt, da ich so einen wichtigen Abschnitt zu verfassen habe, schreit Judit in der Kammer, und ich muß in den Keller für die beiden Krägen Äpfel zu holen. Jetzt sitzen sie neben mir auf der Kautsch und mampfen, Rita: Papa bald fertig Apfal ich. Judit spielt mit ihrem, ihr reichts, daß sie mich sieht. Gestern also konnte ich mir nicht verbergen – bitte weils mir eben einfällt, daß ich vielleicht irgendwann, wie jetzt diese Abschnitte, gleichzeitig durcheinander schreibe, hab ich von Rita, der wir zu Weihnachten ein Malbuch, ein leeres, schenkten, deren Seiten sie nicht nach der Reihe, sondern einmal auf diese und viele und wieder auf die erste ihre Ringelkritzel setzt bittebitte, weil mir keiner blöd kommen soll wegen der Kunst, die in einem sitzen soll. Gestern also war mir klipp und klar, daß das Geschreibe nichts soll, allein das Wort Schneegans im Zimmer, selbst wenn ich die Weisheit mit dem Löffel gefressen haben sollte, ich meine, ich kann nicht von Tibet kommen, in Europa sitzen und China verschweigen, soll ich in Europa von Tibet erzählen? die Leute kämen schon in die Vorträge. Aber ich muß von China reden, weil es schon immer mein stärkster Drang gewesen ist, zwischen vielen Leuten auf der Straße in der Trambahn im Lokal, mich auffällig zu benehmen, damit ich eine Rede beginnen könnte, wußte aber nicht worüber. Über China über China jetzt klar, das ist doch klar, da vergeß ich einfach, daß die Chinesen meine Dorfleute umgebracht haben, sie haben einer Ideologie zuliebe getan, was ich aus Mordlust tat, weil ich nicht weiterreiten konnte, weil mich der Arsch juckte, und die chinesischen Soldaten, um der KP zum Durchbruch zu verhelfen, die allein fähig ist, uns

von der menschlichen Widerwärtigkeit zu befreien. Jetzt muß ich erst einmal so eine ehrenwerte Rothändle rauchen, so eine Proletarierzigarette, die kein Arbeiter raucht, aber Studenten, das ist die Misere. Natürlich, wenn jetzt Hartmut kommt, saufen wir einen, weil heut ein Brief von Unseld kam, aber was ändert das dran. Gestern! Judit piepst schon wieder, was mach ich jetzt mit ihr, in den Babyhopser, dann ist 5 Minuten Ruhe, Rita ist ja so brav und spielt allein. Verflucht, was bin ich in München rumgestanden im ersten Semester, als ich selbst nicht glaubte, Volksschullehrer zu werden, an der Grünanlage an der Maßmann Schleißheimer Straße, Ende Februar oder schon anfangs März, jedenfalls schien so eine Schneefraßsonne – jetzt geb ich der Judit den Salatlöffel, vielleicht kann sie sich mit dem unterhalten, jedenfalls wars zum Wildwerden, hielt ich mich ruhig und dachte: Wächst denn aus dieser ganzen Scheiße nichts? Nein, sag ich heute, der Dung ist ein Panzer, den durchbricht kein Keimling. Die Dungrinde muß zertrümmert werden, gehäufelt und nach und nach von den neuen Pflanzen verbraucht werden. Also sagte ich mir gestern, du mußt Tibet vergessen. Zurück kannst du nicht, denn zuhause erschlagen dich die Chinesen, aber hier mußt du Chinese sein. In der Nacht ans Kultusministerium am Salvatorplatz eine Parole schreiben, nein am Tag, und darauf ein paar Fenster einwerfen. Kieselsteine mitnehmen, und bei der Verhandlung nur die Parole sagen: Die den Kern bildende Kraft, die unsere Sache führt, ist die Kommunistische Partei. Will man die Revolution, dann muß man eine revolutionäre Partei haben. Naja, daß die Arbeiter die revolutionäre Klasse sind und von dieser Bildungspolitik nicht länger unterhalten werden dürfen, ich kann das alles nicht so nachplappern. Wie soll ich das alles auswendig lernen!
Eben hält das Postauto. Ein Paket. 2 Bücher, indische Kunst und tibetische, hat Peter noch von Lindau weggeschickt. Was haben wir denn in Tibet für eine Kunst

gehabt? Die Aufgabe, die dem Autor gestellt worden ist, eine Übersicht über die Kunst Tibets zu vermitteln, konfrontiert ihn mit einer Anzahl von besonderen Problemen, die nicht ohne weiteres zu lösen sind. Zunächst hängen sie mit der Frage zusammen, was in diesem Fall unter der allgemeinen Bezeichnung Kunst zu verstehen ist, und ferner mit der Festlegung des geografischen Raums, der unter dem Begriff zusammengefaßt wird, so fängt der schon an. Mein Problem ist, wie ich von meinem tibetischen Agrardenken zu einem dem Industriestaat gemäßen Denken gelange. Jetzt hab ich das Schreibbuch ins Bad heraufgeholt, wo Judit auf dem Töpfchen sitzt. Damit ichs nicht vergesse. Wie soll ich Tibet vergessen, da Judit ein fettleibiges großköpfiges dickwangiges schwarzhaariges und lautstarkes Kind ist wie sie auf unserem Hof seit 1237 geboren wurden, mit ihren tibetischen Augen, als sich unser Ahnherr, ein schwedischer Obrist, in der Gegend niederließ. Ich möchte ihr doch erst eine Drossel von einem Eichelhäher unterscheiden lernen, bevor ich ihr Chinesisch beibringe. Später kann ich dann hoffentlich selbst gut Chinesisch.
An das, was mein Vater erzählte, erinnere ich mich viel besser, er war Hunne und ritt auf einem kleinen Pferd. Ich habe eine schlechte Erinnerung an Samarkant, wo ich die Leute niederritt, auf sie hieb und wohl auch schwangeren Frauen den Bauch aufgeschlitzt habe, was hätte ich denn nicht getan, einen Tag Aufenthalt anstelle eines 200-Kilometer-Ritts zu vertun. Wenn ich über die Steppe ritt, war ich ein Heiliger.
Wie Hüttendächer meines so fernen Tibets liegen offene Bücher im Zimmer umher, im Radio Wiener Schnulzen – Nun gut, Unseld schreibt: Die Texte haben mir imponiert durch ihre Modernität und d. h. für mich, durch die Gegenwärtigkeit der Gegenstände, wie der sprachlichen Form. Es geht also darum, jetzt, meinen Willen zu bilden, einen chinesischen Willen muß ich mir herausschleifen, und kann mir vorerst vornehmen, mich

von den geschriebenen Wörtern zu erheben, an denen meine Hand klebt und die ganze Haltung hingewendet ist, um frei zu sprechen, meinetwegen mit einem Tonband im Zimmer mit der üblichen Geräuschumgebung durch die Kinder, dann auf der Bühne – es bleibt doch nur, durch die Straßen zu laufen, nicht mehr schweigend wie früher, sondern chinesisch sprechend.

Indio

Mittag eine Stunde Föhn, Rotwein riecht aus dem rötlich gefärbten Schnee, die Flaschenscherben liegen um den Stufenabsatz zum Feinkostgeschäft. Der Mann, der neben mir fährt, schaut herüber und sagt: Sie haben eine indianische Nase. Ich antworte: Ich stamm auch von Indianern ab – Nein, wirklich? – Ja. – Können Sie denn Spanisch? – Nein, das geschah schon bei meinen Urgroßeltern im 19. Jahrhundert – Nein sowas, ich sag das so und dann stimmt das wirklich. Er hat die Tür geöffnet und beugt sich nochmals rein, er blickt auf meinen fatal stellungslosen halboffenen Mund, Lippe Rand von Körperöffnungen. Ich weiß ja, wenn ich bei jemandem das Gebiß sehe, denk ich an einen Affen. Unter so lächerlichen Umständen wurde ich eingeliefert, aber tatsächlich als krank befunden, wenn auch nach 2 Monaten wieder entlassen: Ich war damals in einer Firma Botengänger. Ein Bett hatte ich im Kolpingheim, weil ich mir kein so teures Zimmer leisten konnte. Eines Morgens an meinem freien Tag lag ich noch im Bett, als die Putzfrau in den Saal kam. Es war kalt, und deshalb strampelte ich mit den Beinen und sang dazu. Die Putzfrau rannte hinaus und erklärte dem Heimleiter, daß sie in Anwesenheit eines Verrückten nicht arbeitet. Der Heimleiter kam herein und forderte mich auf, mit dem Spaß aufzuhören. Da kam er mir aber mit einem Befehlston, daß ich in Wut geriet und ihn vor die Tür setzte. Er rief die Funkstreife an, die mich in die Irrenanstalt von Haar brachte.

Z. B. einen zweiten Abschnitt mit dem Nachweis meiner indianischen Abstammung beginnen. Ich werde morgen nochmals meine Mutter fragen, ob ich wirklich bis zum dritten Lebensjahr einen Mongolenfleck auf dem Gesäß hatte, der bei Andi erst vor einigen Monaten verschwand. Er kann ihn von Gerda geerbt haben, deren Vorfahren vor Jahrhunderten aus Südostasien nach Sizilien verschleppt wurden. Im Gegensatz zu Gerdas Mongolenfalte haben Andi und ich die Indianerfalte, die nicht vom Deckfaltenrand des Oberlids ausgeht, sondern die vom Lidrand selbst gebildet wird. Und nennen mich nicht alle meine Verwandten einen Wilden? und ein Greuel ist es ihnen, mit mir verwandt zu sein. Nur weil ich wenige künstliche Bedürfnisse habe und mir daher viel freie Zeit bleibt. Nur weil ich kein Scheckbuch habe? und weil ich die arbeitssame Lebensweise der Zeitgenossen ablehne? und die Schulbildung, nach der sie sich selbst bewerten, mißachte? Was ist mir geblieben als die weiße Adlerfeder am Kopf? Ich bin noch immer auf die weiten Räume, die Wüsten eingestellt. Ich verdiene meinen Lebensunterhalt mit dem Weben von Decken. Meine Schafe haben gelernt, sich mit dem bitteren, scharfkantigen Gras der wasserarmen Reservation zu begnügen. Nachdem ich erfolglos aus der Welt der Weißen zurückgekehrt bin, gehe ich öfters zu den Gletschern des Gebirges hinauf, um die Geister der guten Toten zu besuchen, und weine dort in den Schnee der brüllenden Höhe. Lebe ich wieder dahin, beziehe ich mein Sicherheits und Identitätsgefühl aus dem Zustand eines Menschen, dem man etwas schuldig ist. Meine Freunde haben wohl oft das Gefühl, daß ich aus meinem bloßen Dasein ein Gewerbe mache. Ich entziehe mich dem Anspruch der Zivilisation und glaube wieder, daß ich vom Westwind gezeugt wurde. Wie schwer es Gerda fällt, die Amerikaner nicht zu hassen, die jetzt dabei sind, ihr Volk zu vernichten wie sie das meine vernichtet haben – wer könnte das verstehen. Im Vergessen dieser Bitternis sehen wir uns oft in die Augen und spüren die gemeinsame Abstammung, von irgendwo dort, wo sich Russen und Chinesen bis an die Zähne bewaffnet gegenüberstehen. Dann blicken wir durch die offene Küchentür auf den Kühlschrank und denken ans Auto, erschrecken und wissen nicht, ob wir beides nicht verwüsten sollen. Ich bereue es, daß ich meine übrigen Schreibarbeiten mit Überschriften versah, sichtbaren Unterteilungen, ich ärgere mich über Abschlüsse von Durchgängen, ich möchte Rohre ineinanderlegen wie bei der Kanalisierung, kein Platz zum Verschnaufen, zum Verweilen, keine Folgen, keine Gesichtspunkte nur Grau der Sprache und Splitter realen Lichts wie eine liegen gelassene Schaufel an einem Aushub, da beweist es sich, daß es keine Wörter gibt, die wie Sprengladungen die Erde in die Luft reißen. Freilich, auf eine große Vorrichtung läßt sich leicht ein Apfel legen, der getroffen werden soll, der sich mittels eines verborgenen Hebelsystems im Augenblick des Schusses getroffen oder nicht, zu Fall bringen läßt. Apfel, was tuts, ist ja nur ein Bild, kann niemand nachprüfen. Soviel Zeit haben, daß ich bloß schreiben könnte, mein lieber Marx, möchte ich nicht, Arbeit entfernt einem von so Gedankenzeugs. Gibts denn nichts, alles auseinanderfliegen zu lassen, um sich zu erheben? Wenn ich nicht im Bett lieg, lieg ich auf der Kautsch, sitze im Auto stehe im Büro oder trage Schutt aus einem Altbau. Einmal träumte ich, wachte auf und erzählte es Gerda: Ich war beauftragt einen Bischof aufzuerwecken, er lag in einem weißen goldbeschnörkelten Sarg in der Empore einer Kirche. Ich war über dem Sarg, 2 Flügeltüren konnten sich auftun, und hatte Angst, ich schloß die Augen, daß mir die Adern quollen und sagte efeta. Die Deckel gingen auf, er hob sich heraus, ich war so leicht wie eine Wolke und sagte: Geh zurück, war nur eine Probe. Ich legte mich wieder ins Bett und schlief weiter. Nichts fürchtet der Indianer mehr als die zwangsläufige Integration. Daß diese Angst sogar den Selbsterhaltungstrieb überwindet, beweist ein Besuch der Indianistin Prof. Eva Lips, die ich am Gartentor abfing und sagte: Ich darf nicht heiraten und Kinder haben. Wir müssen wenigstens als Indianer sterben können. – Indianer vertragen kein Gefängnis, sie sind nicht, wie die Weißen, dafür geboren. In Haar wünschte mir ein Arzt auf dem Gang frohe Ostern, worauf ich antwortete: Leck mich am Arsch. Der Arzt wurde bei meinem Vormund vorstellig, der aber entgegnete, was ich denn sonst auf diesen Gruß in der Nervenheilanstalt hätte antworten sollen, das zeige nur den Zustand meiner Gesundheit an. Wegen solcher Grobheiten wurde ich schließlich wieder entlassen. Einige Zeit war ich ambulanter Händler. Ich wurde angezeigt, weil ich gegen die neue Hackfleischverordnung verstieß. Seit ihrem Inkrafttreten war es mir praktisch verboten, weiter Bratwürste zu verkaufen, ich hätte sie denn bei minus 18 Grad transportiert, was so gut wie unmöglich ist. Wirtsleute traf diese Verordnung nicht, die konnten Bratwürste in der Einkaufstasche holen. Aber wegen der Bestrafung steckte ich nicht auf, unser Präsident Peter Biermann kündigte einen massiven Einspruch bei Gericht an usw. deswegen gab ich nicht auf, auch nicht, weil Gerda und ich es satt hatten, daß Märkte und Dulten gesperrt wurden, wenn irgend eine Epidemie ausbrach, während nach diesem Bundesseuchengesetz Sportveranstaltungen, Massenversammlungen sowie Kino- und Theaterveranstaltungen ungeschoren blieben. Nein, das wars letzten Endes nicht. Zuletzt waren wir in Vilshofen, da sagte ich zu Gerda: Mensch, soll doch die Scheißwürst ein anderer verkaufen. Das war Anfang März, ich hatte in mir wieder irgendwelche eiszeitliche Stauungen und hätte am liebsten ein Weib der nachbarlichen Horde vergewaltigt, damit ich wieder einmal eins auf den Kopf bekommen hätte und eben nicht erschlagen wieder zuhause gewesen wäre, unschuldig wie ein spanischer Heiliger. Wenn ich mir in die verfilzten Haare griff und sie raufte und mit den Fingern rechte, roch ich förmlich den Geruch, den Gestank so eines Eiszeitweibs, das noch in den Winterfellen steckt, aus denen es aber schon frühlingsschleimig seinen Kitzler reckt, den zerdrücken und den ganzen weiblichen Verhau windelweich machen. Jetzt die Hiebe, bist nichts als der abgetrennte Kopf eines zerwirkten Rinds, an dem die Hunde zerren. Und jetzt wirst du gerettet, die langen Wunden am Leib von Binden umschlossen. Jetzt bist du gesund und sitzt zum erstenmal in der Frühlingssonne, 2 Hunde liegen bei dir. Am Abend riechst du das Essen, dann riechst du Wasser, es ist ein ruhiger Abend, aber du stehst da, als hätte sich der steinerne Bau der Kirche und die betonierten Schnörkel in einen völlig erlösenden Windhauch verwandelt, der dich umstreicht, als hättest du nie vor 4 Wochen mit einem fremden Weib georgelt und geröhrt wie ein Chor. Also neben unserem Wurststand hatte einer seine Bude, ein Ausländer, wir bekommen ja in Deutschland den Gewerbeschein unter den gleichen Voraussetzungen wie die Einheimischen. Wie ich auszutreten vorbeigehe, geh ich durch die mit kranken Leuten bemalte Pappfassade, es war die Bude eines Wunderdoktors, ich konnte mir den Namen nicht merken. Ein Tisch, davor er sitzt, und die anstehenden Leute. Ein Alter ist dran, er sagt, er sieht schlecht und hat seit Jahren chronische Kopfschmerzen. Der Doktor steht auf, packt den Mann am Kinn und drückt ihn so an die Wand, daß die Glühbirne das Gesicht beleuchtet. Dann zieht er ein kleines Messer aus der Tasche, stößt zu und sticht dem alten Mann das Auge aus. Nein. Das Auge hängt überm Backenknochen, buchstäblich an einem Faden, und er fummelt wild in der Augenhöhle rum, 3 Zentimeter tief drin, führt das Messer nach oben, die Schneide wühlt jetzt irgendwo hinter der Stirn, dann sticht er wieder nach unten, dreht das Messer wie einen Schraubenzieher, zieht es heraus und schubst das bislang baumelnde Auge in die Höhle zurück und wischt das blutige Messer am Ärmel seines Patienten ab und steckts in die Tasche. Die Operation hat eine halbe Minute gedauert. Alle denken, es ist ein Bluff. Er spricht mit dem verdatterten Alten: So der Fleck über deinem Auge ist weg. Du hattest einen beginnenden grauen Star, aber du hast auch eine Stirnhöhlenentzündung, deshalb die Kopfschmerzen. Draußen frag ich ihn, ob er jetzt wirklich besser sehen kann. Hats nicht wehgetan? Ich hab nichts gespürt, jetzt brennt es ein wenig. Das war kein Trick, das wußten nur wir 3. Ich lief an die Donau. Unten ist Wien, oben Regensburg, dachte ich, auf dem Wasser Eisschollen am Himmel kleine Wolken, und dieses frühlingsfarbene Blau des Himmels erregte mich, als hätte ich meine Kindheit im Hochgebirge verbracht, und da sich jetzt alles in mir umkehrte, fiel es mir ein, es waren mächtige Berge und endlose Wege, der Himmel war so blau, daß sich die Stunden totliefen. Du Gerda, sagte ich am Abend zuhause, der junge Kerl heute neben uns, der Zauberer, das ist Sauerbruch gewesen. Wenn dus nicht glaubst, erkundige dich, wann er geboren ist, und sieh nach, wann Sauerbruch gestorben ist. Gerda fuhr mir langsam mit ihrer weißen Hand über die Augen. Bei solchem Föhn, wenn die Berge plötzlich vor der Haustür stehen, möchte ich ein Hexer sein, um alle Punkte der Erde zu erreichen. Du, sag ich dann zu Gerda, wenn jetzt zum Beispiel der Strom ausfällt, dann verderben in Tausenden Gefriertruhen die Lebensmittel, dann gibts kein warmes Essen, nicht einmal einen heißen Tee und dann fällt auch die Ölpumpe der Heizung aus. Ach du, sagt sie, das bleibt uns schon. Du holst dir noch den Tod, sagt sie, wenn du hinausläufst, so wie du herinnensitzt. Ich stell mir da 2 Arm voll Tod vor, wenn einem der durchrutschte und auf den Boden plumpste wie ein fettes Weib. Kaufst du mir bitte die Briefe von Henry Miller an Nani Näini oder Nania wie die heißt, ich hab plötzlich solche Sehnsucht danach. Ich fall hin und her, wie ein junges Mädchen, die jungen Kerlen zufällt, nicht achtet, wenn nur das schwindelige Taumeln ist, und wenn ich 98 Jahr alt bin, kauf ich mir dünne Seidenstrümpfe und strecke das Bein. Nachdem ich so in einem Bums geschrieben hab, ist mir wie nach einer kräftigen Ohrfeige in die Fresse, da man sich irgendwie gerechtfertigt fühlt. Bei Tengelmann siehts dann aus wie im Paradies. Ich: Ich will nicht sagen, daß ich ewig lebe, aber ich habe mich abgefunden. Ich gehe allem aus dem Weg, doch wenn die Sonne scheint, stehe ich am Abend an einem Fenster unseres zweiten Stocks in der Nervenklinik und sehe in die Sonne. Zu ihr allein kann ich sprechen, weil ich mit nichts reden will, das ein Mensch berühren kann. Da bin ich mit meiner Krankheit eins, doch im nächsten Augenblick sagt schon der Indianer

Indianer: Jetzt segelt wieder Kolumbus gegen Westen und er hat wieder den arabischen Dolmetscher bei sich, weil er glaubt, in Japan zu landen und ihn gebrauchen zu können, in Indien. Aber für unsereiner ist ein Dolmetscher überflüssig, wir werden umgebracht, ob wir verstehen oder nicht

Ich: Meinem Bruder zuliebe wünsche ich, daß die Sonne nicht mehr unterginge

Indianer: Und wir leben, weil die Pferde schnauben

Ich: Ich geh bis zur Gangtür zurück, durch die Besucher auf unsere Station kommen, und der mit Bildern von Gauguin und Seurat und Picasso geschmückt ist, und sehe den Indianer 20 Meter vor mir an diesem Fenster stehen, in leicht vorgebeugter und angespannter Haltung, als gelte es, etwaige aus den Strahlen schießende Figuren sofort zu erkennen. Der Autolärm von der Nußbaumstraße rauf stört ihn nicht, auch nicht die übrigen Patienten und ihre Besucher, die ohnehin nicht viel reden und gleich wieder in den Zigarettenrauch schauen.

Ich will ihn nicht allein stehen lassen.

Wir gehen in den Schlafsaal, uns mit Seife das Gesicht gelb zu beschmieren.

Ich seiche auf die Schlafanzugjacke, damit alle Spritzen und Tabletten der Ärzte von mir abprallen. Auf dem Nachtkästchen reite ich gegen sie und schieße ihnen ins Gesicht. Sicher vor ihnen, öffne ich auf dem Klo die Schlafanzugjacke und schüttle sie aus, die Geschosse der Ärzte fallen heraus, ich bin unverletzt. Ich bin ein sehr heiliger Mann. Ich küß mein Amulett. Wie ertrage ich, ohne übermütig zu werden, die Last der Einfälle? Übermut ist mein Ruin. Aus Übermut fahr ich noch einmal gegen einen Baum. Wenn du dir den Tod holst, den trag ich rein wie eine Tengelmanntüte, die dann zu Boden plumpst, platzt, liegt herum Milch Brot Wurst Käse. Glaubst du, daß meine Vorfahren Indios gewesen sind, Gerda? Schau deine Zähne an, wie die vertraxt sind. Freilich, ich habs ja schwarz auf weiß, und demnächst fahr ich mit 32 Belgiern zu einem fünfzehntägigen Besuch nach Mexiko, der Reiseleiter ist Nicholas Punto. Die Ahnenforschung hat die aztekische Abstammung von uns 33 festgestellt. Nach der Besetzung des Aztekenreiches durch Cortez hat ein spanischer Offizier 2 Töchter Montezumas nach Spanien gebracht. Von dort aus sind die beiden Frauen in das damals spanische Flandern gekommen, wo sie sich mit Einheimischen verheiratet haben. Achternbusch ist ein flämischer Name. Jetzt weiß ich wie sie heißt Anaïs Nin. Die Bücher von Johannes vom Kreuz sind verflucht teuer, 4 Bände fast 100 Mark, aber gelb gebunden, zitronengelb wie ein Schnitt in den Finger: Empor den Karmel. Unbeschuhter Karmelit, nennt er sich, wenn ich sagte: Empor an mir? Ich habe dir ja schon oft erzählt, was ich vor 3 Jahren träumte, daß sich Christus in einem giftgrünen Blazer von mir abwandte und mit bitterbösem Bartgesicht zu mir zurück, ich lag, sagte: Verflucht, wer nur aus der Leidenschaft seines Lebens Bilder schafft und danach lebt. So einen Satz könnte ich mir am Tag nie ausdenken. Da ist die Schule dahinter, das spanische Gerede. Titicacasee, das ist ein Wort, zuerst die Aufre-

gung dann der See. Jaja Freud sollte ich lesen. Ich hab keinen andern Weg, von einem komplizierten Nebeneinander Kenntnis zu geben als durch das Nacheinander und dadurch zunächst die einseitige Vereinfachung, die ich ja doch nie ergänze überbaue berichtige. Wenn du jetzt zum Fenster hinausschaust, da werkt doch offensichtlich einer mit der Schneeschaufel im Hof, ja er hat einen Haufen zusammengeschoben in der Mitte des Hofs. Gerda sieht mich an, sie liest laut: Von Zeit zu Zeit löst das Ich seine Verbindung mit der Außenwelt und zieht sich in den Schlafzustand zurück, in dem es seine Organisation weitgehend verändert. Gibts denn niemand, der mir die 4 Bände von Johannes vom Kreuz spendiert?
Bist du eingeschlafen? Als ich visavis vom Löwenbräukeller arbeitete, fand ich den Turm des Gebäudes trostlos, sooft ich zum Fenster hinausschaute. Ich meinte damals, daß besondere Türme gemacht sind, uns nicht vergebens aufblicken zu lassen. Ich pfeif auf diese Türme, wenn nicht alle Erhebungen Hoffnung verkünden. Den ganzen Tag furz und spuck ich, ersteres infolge der raschen Verdauung, letzteres, weil eine Kiefernoperation mich mit der Nachwirkung ständiger Schleimbildung versorgt. Wenn das jetzt keine Erfindung ist, sondern tatsächlich, ist der Leser um eine Hoffnung ärmer. Herbert, was bist du heute so aufgeregt? Gerda, sag das nicht, ich ziehe dich in diese Buchstaben, realiter bist du ja weit weg, 100 km. Ich brauch dich als Leinwand, Wörter drauf zu projizieren nichts als Wörter, die wie Schweiß in der Hitze an mir herunterrinnen, heiß ist es.
Dann zerriß ein Kanonenschuß die Stille. Die ersten Toten sanken getroffen zur Erde, und mit den Rufen Santiago! und Auf sie! stürzten sich die Spanier auf den unseligen Inka. 9 Uhr schlägts vom Heiliggeistturm, die Sonne scheint. Nackte Gockel liegen auf den Tischen in der Sonne, an einem Eierstand stehen Leute mit Behältern an. Unter den Bäumen der Frauenstraße werden

aus Steigen Gemüse und Blumenpflänzlinge und aus Blechbüchsen Schnittblumen verkauft, von der Sonne besprenkelt. Frauen locken die Käufer. Über über über über über dessen First die kleinen tiefen Wolken langsamer sind, es riecht nach Erdbeeren. Die Bänke am Valentinsbrunnen sind besetzt, Nahender: Herrgott ich hab deinen Namen vergessen, wielange bis du in Pension? 4 Jahr, ich 3. Meiner Frau, und Gott sei gedankt, gehts gut. Im Winter war sie sehr krank. Sie sagt, daß es in Venedig begonnen hat, wo sie sich erkältet hat. Wir waren letzten Herbst in Venedig. Ich schau mir gern die Städte an, die Natur ist nichts für mich, der grüne Friedhof. Was sagst du, ein herrlicher Tag heute, also servus! Alter Mann: So ein greißliches Wetter hamma die letzte Zeit scho ghabt, Valentin: Schlechtes Wetter is besser als gar keins. Auf den Kränzen leuchten echte und künstliche Nelken. Auf der Peterskirche ist es halb 4 vorbei, auf der Heiliggeistkirche 7 oder 8 Minuten vor halb 10. In der Peterskirche ist es schwül, Leute laufen durcheinander. In einer der Kapellen im linken Seitenschiff steht hinter einem Eisengitter ein von schwarzen Rahmen gefaßter mit Silber beschlagener gläserner Schrein auf dem Altar, darinnen wartet das mit Goldbändern bandaschierte und mit Edelsteinen besetzte Gebein der heiligen Munditia, Schutzpatronin alleinstehender Frauen, wies auf einem Karton steht, von 2 fleischblättrigen und blühenden Hortensienstöcken patrouilliert, auf seine Seele, wenn du in Ingolstadt das Foto eines Indianers siehst, darfst du an mich denken.

Afganistan

Nächster Tag. Ich werd verrückt, wenn ich den schwarzen Kugelschreiber nicht finde. Ich fand ihn nicht, jetzt schreib ich mit dem blauen, und die Gefahr ist riesengroß, daß mir doch wieder alle Lust davonschleicht, Hund, diesen Absatz durchzusegeln, und dieses Afganistan ein Brocken bleibt, den ich wegwerfe, anstatt ein

Haufen zu werden, ein stattlicher Haufen mit einigen Gängen, von größeren Brocken, die den kleinen Schutt abdichten, Mausgänge, aus denen ich zuweilen rausspitze. Nach München gefahren, jetzt haben mich wieder die Arme der Kinder, mußte sie ins Bett bringen, weil die Schwiegermutter gleich wegmußte, den Zug noch zu erreichen, ich raste sie zum Bahnhof, weil ihr heute noch 2 beim Ausräumen ihrer Wohnung helfen, weil morgen der Tapezierer kommt. Gestern abend dachte ich mir: hör auf. Daß ich es nicht vergesse, eben tauchte Andi im Wohnzimmer auf und klagte, daß Rut zu ihm ins Bett hinaufgeschaut hat und sein Rennauto gesehen hat. Jetzt steckt Rut am Spieß, wie ich durch alle Wände höre Flaschal! Andi hat ihr die Puppenmilchflasche entrissen, muß nachsehen, schon wieder dieses PS in der Hand loszudreschen, aber heute nicht, will mir den Fortgang von dem da nicht verderben. Und Nachrichten 20 Uhr. Hab den beiden heute erlaubt, daß der letzte kurz bevor er einschläft das – der Bundesrepublikkäse setzt sich her wie der Berg vorm Schlaraffenland, durchfressen werden muß, Unruhe kann den Fortschritt nur hemmen, Cernik, sowas – Licht ausknipst, mal sehen was daraus wird. Oh Mozart! – Das Zögern scheint so das Eigentliche dieses Afganistans zu werden, das Sehen und erst viel später das Wahrnehmen, wie lange etwa stand ich am Nil, bis ich merkte, daß drüben Palmen standen und hätte sie vielleicht gar nicht bemerkt, wenn sie der Gegenabend nicht schwarz gemacht hätte, jetzt sind sie schwarz, dachte ich, und dann fallen sie auseinander. Immer wieder kommt Andi, einmal muß er nachsehen, einmal muß er aufs Klo und jetzt eben klopfte er leise an die Küchentür, bleibt unsichtbar, ganz richtig, er ist sich der Schuldhaftigkeit seines Handelns bewußt, um mich jetzt anzugrinsen, der Schlawiner, ins Wohnzimmer zu springen und noch einmal ein Buch aus dem Regal zu holen für ihren Gebrauch in der Kammer. Also dachte ich mir gestern abend auf der Kautsch liegend, nichts Scheiß Afganistan, Nachgeburt, Schluß mit Indio, quäl dich nicht, wenn du dich quälst, ist es das sicherste Zeichen, daß du Pfusch machst. Wenn du nicht weiterweißt, träumen, sagt Meister Gauguin, mein lieber Gauguin, ach immer wieder muß ich van Gogh den Vorzug geben, als hätte ich eine Ahnung von meinem eigenen üblen Ende, als hätten nicht beide übel geendet. Auf der Kautsch liegend wie in einem leeren Bachbett, das wüste Geröll, was waren noch die einzelnen Einwände gegen dieses Afganistan? Ich war entschlossen gegen Afganistan – schon wieder ein Buch, das mit dem großen Elefantenfoto als Umschlag, gell wennst jetzt noch einmal rausgehst, dreh ich euch das Licht aus, das ist jetzt das letzte, aber von heute gesehen, ist das Afganistan, heute sage ich: gestern hat es den großen Krach gegeben, damit heute Afganistan etabliert ist, Herbert, etablieren, was poltern die in der Kammer, Vorsicht, daß dir dein Hirn nicht überschwappt, laß Mozart alle Geräusche klittern! Jetzt fällt mir was ein, muß Walser schnell schreiben, ich bräuchte jetzt alle halbe Jahr eine Veröffentlichung, damit ich mich im Schreiben vollkommen verausgaben kann, entsetzlicher Gedanke, daß ich mit 35 noch schreiben könnte mit 40 schreiben schreiben 50 schreiben 51 schreiben 52 schreiben 53 schreiben 54 schreiben 55 schreiben 56 schreiben 57 schreiben spring heraus sonst wirst du 1000 Jahre alt, und was denn, dann müßte ich ja mittendrin zu denken anfangen und schon wäre ich eingeweiht in die langen Wurstketten der Schriftsteller und das Sonnenlicht träfe mich nicht mehr wie jetzt plötzlich über ein spiegelndes Trottoir, es könnte mich nicht zersetzen und ich nicht sagen, ich: das Allerfremdeste ist mir Freund. Lieber Herr Walser, in meiner Geschichte Afganistan bin ich eben auf den Gedanken gekommen, er wird dort erwähnt, daß ich Ihnen jetzt schreiben müßte, ich daher von dem Brief einen Durchschlag mache, was ich noch nie von einem Brief gemacht hab, und zwar bin ich auf den Gedanken kurz nach einem Nilaufenthalt gekommen, heute ist auf der dritten Seite der SZ ein Artikel über Nasser, ich schiebe alle Bedenken, Ihnen zur Last zu fallen, beiseite, dieses offiziöse An-jemand-gerichtet-sein macht aus meinem Stil? sofort Humbug, in Afganistan selbst saust er geradezu, also: Sie verhelfen mir zu einer Veröffentlichung bei Suhrkamp, das ist ein Anfang und dann kommt ein Darm von Veröffentlichungen, das will ich nicht. Ich hab mir jetzt vorgenommen, weil ich merke, daß es geht, vorgenommen, anstelle eines jahrzehntelangen Dahinschreibesiechens, jetzt zu schreiben, bis der Karrn an ein Haus bumst, allein der Gedanke, in 10 Jahren auch noch zu schreiben, könnte mich verrückt machen. Das heißt doch: schreiben ist wie demütig sein, dem die Heiligkeit folgt und alle Streitereien, die vielleicht so ein Schriftstellerleben mit sich bringt, dienen dem Sieg am Ende und dazu hab ich gar nichts, nicht Lust nicht Ausdauer, will nicht, kann nicht. Ich hab mit soviel Überwindung immer wieder zu schreiben begonnen, bin jetzt mit soviel Lust drin, daß ich, ohne mir etwas vorzumachen, mit einem abrupten Ende rechnen kann, das auch mein Wille herbeiführen wird. Ich möchte nicht, sobald das Schreiben für mich nur noch lächerlich sein wird, jetzt finde ich es auch noch amüsant, im Verlag Bücher von mir nachtröpfeln. Bitte sagen Sie jetzt nicht, daß Sie mir die Hand reichten und ich jetzt nach dem ganzen Arm greife. Meinen Sie, daß es möglich ist, daß ich ein halbes Jahr nach der Veröffentlichung von Hülle ein nächstes Bändchen veröffentlichen kann und wieder ein halbes Jahr später usf 3 Jahre lang, oder in noch kürzerer Zeit, in 3 Jahren noch schreiben, verrückt einfach. Der Brief hat mich nüchtern gemacht, gefährde ich Walsers Zuneigung, die Veröffentlichung vielleicht sogar, nur um auch Afganistan zu gefährden? Afganistan und gefährden, selbst wenn ich mir Afganistan nicht vergegenwärtige, ist es nicht gefährdet, aus Afganistan kann ich gar nicht fallen, so leise trete ich gar nicht, so schnell schau ich gar nicht. Und doch, als ich heute nachmittag nach München fuhr, waren die Straßen so offen, trocken windig und der Himmel: Die Schafe sind satt und haben sich auf den Himmel gelegt, wie man in Afganistan sagt, nicht Schäfchen, nicht Ordnung. Jetzt kriecht die Kleinigkeit meines Stoffs in mir und macht mich kalt. Jetzt dreht sich jemand um und sieht mich betroffen an, ich dreh die Baskenmütze in der Hand, jetzt zeigt mir ein Polizist mit einer Spanne an, wie weit ich hinter dem Auto vor mir bin, der kann eine Spanne für 10 Meter machen, 10 Meter bringt er die Arme nicht auseinander. Ich sag aber Herzogstraße und mein einen Augenblick in ganz München. In einer Zeitung ist ein Bild von mir und jemand lebt sich in seine Rezension ein, ich hab den Mund leicht geöffnet und jemand denkt Indio, Peru, blau. Ich bin eben in die Zimmerecke an der Glastür gegangen und hab das Ohr auf die Wand gelegt, kalt, und mir gedacht, welche Möglichkeiten mir zur Verfügung stünden, mich beiseite zu schaffen, so gehts doch nicht weiter. Schreiben schreiben, wenn ich erst alle Bücher zu Ende gelesen hätte, die ich angefangen, wie könnte ich dann schreiben, bleh! Es ist halb zehn, vor einer Viertelstunde vielleicht hat Andi sämtliche Bücher rausgetragen und ins Regal gestellt. Sie schlafen und haben tatsächlich das Licht ausgeknipst, Rut, wäre Andi der letzte gewesen, hätte er den Stecker neben seinem Kopf, Stockwerkbett, herausgezogen, die Lampe steht unten neben Rut auf dem Tischchen. Die Musik hört jetzt auch auf, Köchelverzeichnis, Köchelverzeichnis nach einer Pause von 2 Minuten melden wir uns wieder Pausezeichen solang der alte Peter nochmals dazwischen Afganistan Afganistan Afga solang der alte Peter Afganistan Afganistan Afganistan Afganistan Afganistan Afganistan Afganistan jetzt fängt Judit im Bad oben eine Zeitansage es ist 22.40 Heinrich Böll hat Klarsfeld einen Blumenstrauß nach Paris geschickt für die Ohr-

feige an Kiesinger komm nicht weiter beim Wiederlesen von Bölls Billard um halb zehn Untröstlichkeit der Kunst usf morgen kaufen, jetzt aufhören, zuhören mit Ziegenkasbrot auf der Kautsch, Käs mit Hartmut und Ebes heute am Viktualienmarkt gekauft. Kalt, Griechenlandjacke anziehn, jetzt auf die Kautsch.
Fragt mich jemand, was ich am Nil machte? Ramses II. Mumie besuchen? Mußte eben zum Pinkeln in den Garten, spazierte eine Runde vorbei an den weißen Wällen, die noch neben den aperen Wegen liegen, die ich den Kindern in den Schnee geschaufelt hab, ich dachte, sie hätten Spaß, in einem Labyrint fangen zu spielen, einen Blick wieder ins Parterre des Nachbarhauses, wohnt eine alte Dame, die ich neulich Gartentür an Gartentür gegrüßt hab und die mir freundlich dankte. Als mir heute abend von München zurück plötzlich die Idee kam zu schreiben, was im Wohnzimmer der Dame ist, ging ich hinaus und blickte beim Gehen hinein, stehen bleiben mochte ich auch im Dunkeln nicht, könnte ja von der dunklen Küche aus lang registrieren, bei einem flüchtigen Blick während der Küchenarbeit sehe ich hinter der kaum Licht streuenden Gardine so ein schmerzendes Vielerlei – als ich einmal hinten im Garten schon spät in der Nacht stand, war ich Zeuge beim Ausziehen einer anderen alten Dame in der Küche der besagten Dame, nicht lange, man kann da doch nicht sofort weggehen, also Schrank in ihrem Zimmer schwerer Aufsatz Vase drauf Kommode halbmeter großer Werfer von Myron oder sowas, Ölporträt Leinwand rechts unten Ecke verzogen bunter Teller an der Wand vielleicht aus Flandern. Afganistan. Soll ich den Brief wirklich wegschicken? Auf Elisabets Zimmer in der Herzogstraße, Hartmuts Schwester, trafen wir uns wie abgemacht, ins Nordbad zum Schwimmen zu gehen, dieser Ebes war auch da, der, wie mir Hartmut auf der Fahrt zum Bahnhof zum Schluß sagte, extra gekommen war und seine Badesachen mitgenommen hatte, mich zu

treffen. Als wir im Neumayrkafe saßen, hatte er wohl die Ahnung, daß ich über heute schreiben würde, meinetwegen dachte ich mir, ich schaffs ja doch nicht, er wollte nämlich nicht sagen, wie er mit Vornamen heißt, Hartmut weiß es auch nicht und sie kennen sich schon jahrelang. Ebes vielleicht Eberhart meinte Hartmut. Hartmut muß jede Woche für 2 Tage nach Passau, weil er dort auf der teologischen Hochschule eine Hilfsassistentenstelle innehat, nichts tut, wie er sagt, aber auftauchen muß, womit er sein Studium in München finanziert. Jetzt fällt es mir wieder ein: nach den trockenen Straßen, in der – muß in der Stadtkarte nachsehen, wo ist die nach der, wo ist die nach der vorgestrigen Umräumung? Ah gleich unter den Zeitungen, die brauchst ja doch, dachte ich mir wohl, Trappentreu-Straße, blickte ich auf den schmalen bepflanzten Gollier-Platz, feucht etwas in der Eile, rief ich eine Schauspielerin an, schrieb ich das schon mal? Ich arbeitete in der Metzelerfabrik die Westendstraße gegenüber, die Stadtkarte treibt mich in die Höhe wie ein ausgekommener Luftballon des Oktoberfestes. Damals liebte ich doch so, daß ich mit jemand weiße Kaminkehrer getragen hätte. Wie, wußte ich, als ich in Athen die alten Plastikköpfe im Akropolismuseum entlangging, da erkannte ich natürlich auch, daß da nichts mehr möglich ist. Die griechische Fischerjacke hat mir Gerda gekauft, nicht das Sakko mein ich, und die Musik im dritten Programm für Gastarbeiter hab ich schon lang nicht mehr gehört. Hartmut ist sehr stolz, daß er sich jetzt einen Rollkragenpullover gekauft hat, keinen Pulli. Er hätte auch so gern lange Haare, wagt aber wegen seiner Stelle in Passau nicht, sie wachsen zu lassen, in Passau soll ja der Bischof noch über die Haartracht seiner Untertanen wachen. Am Samstag hatte ich Hartmut Tibet auf seinen Wunsch, ihm was zum Lesen von mir zu geben, mitgegeben. Afganistan ist jetzt stark, schwach ist es, daß ist so zu verstehen, wenn ich zögere, aufhören will, wird das Afganistan da schwach, aber Afganistan selbst ist somit stark, wenn ich jetzt aufhörte, hätte Afganistan gesiegt, das will ich hinausschieben. Daß es da zu keiner Interferenz, wodurch Kunst eigentlich entsteht, kommt, kann sich jeder denken. 23 Uhr, so oft hab ich ausgesetzt. Tibet hat beiden gefallen, Hartmut, weil es geschrieben ist wie ich rede, aber ich rede in Dialekt, und Ebes, weil man nur noch so schreiben kann, Ebes studiert Germanistik und hat Walter Jens in der Verwandtschaft. Im Wasser sagte er mir auf meine Frage, daß er selbst auch kurze Stücke schreibe. Wir saßen auf der Fensterlaibung, von unten kams warm, draußen schien die Sonne, Sommer an den Häusern jenseits des umheckten Rasens hohe Häuser. Innen auf der anderen Seite ein Mosaik, eine überlebensgroße Nackte, Hera blond in Natur vor Wassergefälle, Ebes sagte im Kafe: nicht Hera, weil die keusch war. Afganistan. Bart hohle Wangen morgen rasieren morgen kommt Gerda, morgen ist Freitag morgen liege ich auf den Bettlaken als habe mich nun doch der Wind aus Afganistan getrieben. Immer wieder vergesse ich, oben nach Metzeler dann auf der Donnersbergerbrücke in der Höhe der Dächer die Schafe das mit den Wolken, über die Bahn. Als wir 3 zum Auto gingen, schimpfte die Mieterin unter Elisabet auf die Straße herunter, weil wir so getrampelt hätten und sie es dem Vater sagen würde, das hast du, sagte ich, weil dein Vater so ein hohes Viech ist. Auf dem Zimmer sprachen wir kurz über den Vater. Fällt mir sonst nichts ein, mein Kreis wird immer kleiner, ich stapfe schon in alte Spuren, also stehen bleiben: wie ist alles so gekommen? Wo ist das Meer wenn ich mich umdrehe, wo der Morgenwind? Die Därme liegen so eng beieinander, daß ichs merke beim Sitzen. Ich schau vor mich hin. Werde ich heut nacht was Altes träumen? Wer verhindert eigentlich, daß ich ausbreche? Afganistan, ja vorerst aufhören, der Abbruch ist kein Ausbruch, wenn ich solang warte, bis mir die Gitterstäbe ringsum an den Leib geschmiegt sind, kann niemand mehr einbrechen, ohne mich zu verletzen, eine Verletzung nähme ich hin, was will ich eigentlich? Einen Leib sehen, der von der Zeit auseinandergezogen wird? Wie wenig auch ist, ich komme nicht mit. Afganistan ist der Ort, der sich nicht bewegt, den ich rumtrage, der sich selber nicht bewegt, und wenn die Autos, ich in einem, über die Autobahn zischen, ist er erstarrt, trocken dürr nur kurzes aber grünes Gras mala mala mala so ein Scheiß da im Radio, sang ich das Mala mit. Und wieder Afganistan, es wartet nicht, es ist ganz an mir, es wachsend zu nennen, wenn Afganistanschreiben verliert, flacht ab wie ein langsam verendender Hund, der zuerst hinten einknickt und jetzt bloß noch den Kopf hält, wenn ich so weiterschreibe, muß ich am Schluß fragen, was jetzt. Ich selbst müßte etwas tun. Oder werde ich auch diesen Sieg Afganistans überleben, übertuschen verniedlichen, naja schreibst was anderes, andere Erzählungen, ein Kind erschlagen, damits ein Roman wird, Scheidung, daß ich aufs Teater komme. Mord und Totschlag, damit ich ein großer Künstler werde? Was tu ich gegen Afganistan, denn Afganistan, das ist mein Feind, das ist jetzt ganz klar, sag Afganistan und wie Giftgas kommt es in den Gaumen. Ebes oder Eppes, Epes erzählte, Ebbes ja, weil Hartmut sagte er sollte ein Mädchen heiraten das Flut heißt, im Kafe, daß die Eskimos Fliegenpilz essen, was sie berauscht, Hartmut: Wozu? Ebbes: Das Übliche, Bewußtseinserweiterung – z. B. darf ich Afganistan ihm nicht mehr zum Lesen geben, denk selber weiter! Ja so klein ist mein Kopf, so gering meine Fähigkeit, kann z. B. keinen Tango tanzen, weiß kein Lied auswendig, Ebbes erzählte von einem, der das AT und das NT auf lateinisch auswendig kann oder konnte und damit auch den Leuten imponierte und gute Posten bekam. Afganistan, ich fragte ihn, die Afganen, der Hund, wußte er und in Afganistan könnte man einen Polizisten 24 Stunden zu umgerechnet 1,50 Mark mieten, Hund, soll mir ein Licht aufgehen. Ist das ein schöner Hund. Darf ich das sagen, die Frage erinnert mich, weil er gezögert hat, es war also doch in Elisabets Zimmer, wegen Elisabet gezögert hat, schau, sagte sie, die Kette hat mir meine Mutter von Las Palmas mitgebracht, hab ich in Pasing gesehen, sagte ich, als ich einmal nach Südfrankreich, jetzt komm ich mit dem auch noch, sagte mein Vater, trampen wollte, wenn dich keiner mitnimmt, schlägst dein Zelt in Pasing auf und bleibst 14 Tag, daß der Fliegenpilz unverdaulich ist und wieder ausgeschieden wird und die Eskimos nochmals usw sagte ich, daß es die Letten mit dem Quecksilber genauso machen aber ich eigentlich nicht weiß, was das Quecksilber bewirkt, also nicht im Kafe hat er das gesagt. Zu diesem heutigen Donnerstag haben Hartmut und ich uns letzten Samstag im selben Kafe bestellt, es ist ja so bourgeois nannte es Ebes geworden. Waren vor einem Film in Stadtmuseum im Kafe, wir sprudelten nur so, ich sagte, daß ich einen Satz von Hegel auf einer Fensterseite genauso runterhängen laß wie auf der anderen die Gardine im Text, was nicht geht, sagte er usw The plainsman mit Gary Cooper 1936 und dann wieder im Kafe, auf dem Weg dorthin, dunkel halb 9 übern Valentinsbrunnen mußte Hartmut, sagte ich: machs am Brunnen, nein das mach ich nicht, sagte er, ich mußte ja gar nicht sagte: Den Valentin da muß ich unbedingt schänden. Ging gar nicht recht. Polizist: Was ham Sie gerade dort gemacht? Ich: Pinkelt. Polizist: Wollns, daß i Ihnen anzeig? Ich: Nein. Polizist: Dann machens snächstemal nimmer, wenn Ihnen ein Schutzmann zuschaut. Nach 8 ist es ja ein Weinlokal seit neuem mit Kerzen und so scheußlich Kapelle Wien bleibt Wien leben und leben lassen, sagte er: Zum erstenmal hat ihm seine Mutter, er sei 5 gewesen, über Indianer vorgelesen, er im Fasching alle Cowboys gehaßt: aha die andere Partei, Indianer Schmerz wie hätte es denn sein sollen? historischer Schmerz Afganistan fern genannt da, also griechische Kunstwerke bin ich geblieben entlangsah, das war ganz anders als z. B. in Indien, achso in Indien bin ich nicht gewesen, als mir dieser Nebensatz in den Kopf schoß, stand ich von der Kautsch auf, nun doch wieder was zu beginnen und übertitelte es gleich mit Afganistan.

Auf der Fahrt zum Bahnhof erzählte mir Hartmut, daß er in Puzi so verliebt ist, daß er nicht mehr schlafen kann, Tabletten nähme, falls er welche hätte, jeden Abend Bier trinkt, immer soviel Bier trinkt, davon hat er einen Bauch bekommen, damit er einschlafen kann, und ist ihn loszukriegen zum Schwimmen gegangen. Die 10 Stufen gibt es Liebe auf den ersten Blick seelische Hörigkeit Zerstörung der Konzentrationsfähigkeit Schlaflosigkeit Abzehrung des Körpers Gleichgültigkeit gegenüber den eigenen Angelegenheiten Wegfall der Scham Geistesstörungen körperliche Hinfälligkeit bis zu häufigen Ohnmachten Tod. Am Montag war er mit ihr auf einem Fest, das so langweilig war, daß ihm nichts eingefallen ist, ist doch ein gutes Zeichen, wenn ein Fest langweilig ist und ich dementsprechend reagiere, und sie auch nicht weggegangen, weil noch 2 dabeigewesen, sie wollten endlich um halb 12 weg, aber der eine ließ sie dann noch 2 Stunden bleiben. Ich hab sie immer nur angesehen, eine Viertelstunde nur die Nase, jetzt weiß ich wenigstens genau wie sie ausschaut, stell dir vor so, du kannst jetzt im Auto nicht wegsehen. Das war so langweilig, daß jetzt alles aus ist, glaub ich. Das darfst du dir nicht ausdenken, sagte ich, das mußt du von ihr erfahren. Ich hab sie angerufen und sie hat sofort ja gesagt, da ist mir gleich was eingefallen den Nachmittag, ich glaub, was mir abgeht, ist eine Freundin. Ich hab nur noch gedacht, daß sie gleich ja gesagt hat, da hab ich an das Fest nicht mehr gedacht, denn vor 4 Jahr warn Leute von der Ballettschule da, das war gut und die sind diesmal nicht dagewesen. Sie hat weggeschaut. Sie hat beim Tanzen weggeschaut. Sie hat das Auto bekommen, wenn dann jemand mit zurückfährt, ich hab mich schon gefreut, der andere ist mitgefahren, wohnt in ihrer Nähe, brauchst du nicht mehr mitfahren, hat sie zu mir gesagt. Die ist ja auch zu schön für mich. – Im Nachbarhaus wohnt ein Arzt, sagt er neulich auf der Straße: Ihre Indianerstory neulich hat mich so beeindruckt, ich hab immer wieder darüber nachgedacht. Beinah hätt ich gesagt: Ich hab eine Geschichte daraus gemacht, sagte: Meine ganze Mentalität ist doch indianisch. – Ja Feinheiten waren der Karl-May-Lektüre nicht zu entnehmen. Ich fragte ihn jetzt endlich, 3 Jahre lang will ich das wissen, nach dem schwarzen Herrn, der im selben Haus wohnt, der immer so freundlich meinen Gruß erwidert, der macht hier in Deutschland das Abitur nach, war zuerst in Norddeutschland als Ingenieur, will Medizin studieren, ist ein Ibo, ich war baff. Afganistan, so. 30. Januar 1969

2. Mai 69

Ohne Vormittag ließe es sich leichter ein guter Mensch sein. Aber wenn der Vormittag wollüstig in die noch nachtstarren Augen greift, sie drückt, um den Sehnerv dreht, zieht, meine Güte wie klug bin ich denn schon? Einem Intellektuellen mag man die Augen 20 Meter rausziehen und er leidet weiter nicht dran, mich erfüllt jeder Millimeter mit Kram, ein Millimeter und der blühende Kirschbaum hängt samt den Wurzeln in der Luft und bröckelndes Erdreich fällt durch den Kopf, wird zwischen den Hirnwindungen eingezwängt und das ist sehr unangenehm. Nein, der Vormittag taugt wirklich nur, um Geschäfte zu machen, mit dickem Daumen Fakten abzudecken und saftig zu bescheißen. In der Bank z. B. herrscht ewige Geschäftigkeit, da trägt kein Regen Rost in die Maschinen und die Angestellten sprechen so trocken, daß kein Mensch sagen könnte, aha der spricht jetzt so naß, da steht ein epileptischer Anfall bevor, da haut ein Vormittag in die Fresse, da greifen Hände in sein Gehirn wie in die Gedärme eines Tiers, es auszunehmen. O heiliger Antonius, laß mich die Vormittage verlieren und wieder verlieren! Die steht am Schalter in der Bank und ist am Vormittag ebenso aufgetakelt wie sonst wann, ein Pferd wenigstens wird nervös und schlägt wilder mit dem Schwanz, der Traktor stinkt stärker nach Öl und die andächtige Flucherei des Bauern wird verfahren und schludert nur ein paar Meter über das Feld, Frauen hauen sich mit Tüchern zwischen die Beine, Stuten Menstruatesel – gut ich freue mich, daß De Gaulle verschwunden ist, es gibt mir Genugtuung, daß der Irak die DDR anerkannt hat, wenn ich auch überzeugt bin, daß das politische Gesindel als Ganzes verschwinden muß, es kann keiner sagen: ich hab eine politische Ader, die muß erschlossen werden – das kostet zuviel, wenns dem paßt, müssen alle Margarine fressen und Soldaten spielen, rosarot wie Flamingos nebeneinanderstehen und dumm schaun. Ich hab einen künstlerischen Hader und wenn ich mit einem nassen Tuch rumhau, denkt ein jeder: Meine Fresse hat er nicht getroffen. Es geht nämlich wirklich alles in meine eigene. Nun gut, die stand hinterm Panzerglas der Geldausgabe wie eine Spanierin, Klingen von Toledo Säulen der Alhambra und so.

Unser Gott der Staat hat mir Gerda weggerissen, aus dem Leib gerissen, da in der Seite fehlt ein Wammerl, und ich leg schon in die leere Stelle wie ein Känguruh sein Fingerkleines, Embryos von Träumen: so allein wie ich ist niemand! Gut, dieser Staat hält seine Tierparks, und der Direktor vom Münchner Hellabrunn-Tierpark hat 2 Zwergflußpferde eingekauft, die per Express ankamen, die in der Tapirstallung im Afrikahaus untergebracht sind, daß die Mütter sagen: Das sind Tapire aus Hinterindien. Aber die beiden Tiere vertragen sich doch nicht, das eine hat unzählige Blutspuren auf der Schnauze und am Kinnladen, bei jeder Gelegenheit fauchen sie sich an, weiß der Himmel warum, Geschlechter sind ja an den Fleischknollen nicht zu erkennen, eigentlich schade, daß es solche Tiere gibt, grau plump zwergig gehässig und blöde über dorthinaus, was ich allen Tieren in Hellabrunn ankreiden möchte, allesamt blöd genug, die Inhaftierung zu ertragen, mit keinem Wort möchte ich sie mit dem Staatsbürger in Verbindung bringen, der Normal-Intelligenz, Normal-Scham (Zahl der Haare im Schamdreieck), und der Dickhaut, Justiz und dergleichen zu verkraften, für dergleichen Anschuldigungen, weiß ich, bin ich nicht kompetent, die Klitoris ist mir lieber, denn sie hat auch in der Zukunft noch was zu sagen. Ja, wenn erst einmal die Leute in den Tierpark kommen wie ich, die Gesichter nicht mehr von allerlei Ämtern und Arbeitsschikanierungen verrissen, gezügelt, gefangen, wenn sie frei genug sind, von diesen Giraffen was zu erwarten, nicht bloß sagen: Die sind ja unwahrscheinlich groß. Ihnen ein liegendes Gaur-Rind die Mühsal Indiens vor Jahrhunderten mühelos plausibel macht und sich ihr empfängliches Herz mit Hoffnung füllt auf immer unwahrscheinlichere Unabhängigkeit auf die unerhörten Möglichkeiten der fortschreitenden Fähigkeit, klüger zu werden, schon sitz ich wieder drinnen in meinen Wörtern wie so ein brüllender Weißhand-Gibbon-Affe im Käfig. Und sie das dicke Bauchfell der Yaks, damit bei der extremen Kälte Tibets keine Schädigung der Gedärme eintritt, mit Erbarmen füllt, darauf wird ihnen der Kranich mehr gefallen und sie werden für die Abschaffung der Flamingos stimmen. Es gibt noch soviele Flamingo-Bewunderer, das adrette brunzrote Gefieder findet Gefallen, das nackte Nebeneinanderstehen, und der gebogene so dämlich so handwerklich so zweckmäßig schlaff gebogene Schnabel findet Gefallen, der ab der Biegung schwarz wird, naja soll das schön sein? Wie die schlappe Nase eines Beamten. Und dann diese kleinen zinkgelben Schamanenaugen, als sähen sie nicht in die Gesichter Schlamasselschlampengesichter bürgerlicher Frauen. Was hab ich gegen diese Frauen, sie haben doch Töchter, die

Mädchen sind, oransche Pullis tragen und die nackten Arme ausbreiten lala die Straßen lang taumeln, Sträucher streifen und träumen nicht mehr in die Schule zu gehen und ihre Mütter nur noch Putzlumpen sind, wenn sie dann nachhause kommen, sind. Ja, wenn Schnaps und Peperoni durch die Kehle sausen und den Arsch auf scharfe Sachen taufen – Tauben, die ein Blattschuß erst taumeln läßt, im Flug zerrissene Vögel, Flügel alleine fliegen, Federn voll Leichtigkeit in der Luft, getragen. Und dann, wenn sie am ersten Penis gehangen, grunzen sie aus der Hecke ihrer Verwandlung und unsereiner sieht mit Entsetzen einen mütterlichen Rüssel wachsen. Was? So, und jetzt pack ich mein Bündl und wandere nach Weilheim weiter. Solln sie sich hier die Macht des Schicksals anhören von Verdi, servus!

So spinnt man, wenn man allein ist! Wenn man frißt, wie man frißt, wenn man allein ist, es einem einfach zu umständlich ist, in Töpfen rumzukratzen. Da legt man die Hand auf seine Wunde in der Seite und hört den Wind durch die Finger Schabernack treiben: wo ein Mensch war, sammelt der Wind ein bißchen Unrat zusammen. Ein ganzer Kirschbaum, wie er jetzt draußen blüht, hat ja sowieso nicht Platz in unsereinem, der nicht mit dem Ertrag rechnet. Jetzt sauf und freß ich nur noch weiter, damit mir wieder was einfiele, aber damit ists vorbei, oder? An einem Tischende schmaus ich am andern tipp ich, da geh ich hin und her. Immer wieder aus dem Fenster und der offenen Tür gaffend, auf der Suche nach dem einen Bild, das einem in der Sekunde, da man es begreift, auch hinmacht. Wenn auf einmal der Kirschbaum in mir stünde, wär ich hin. Aber ein Kirschbaum verunziert sich nicht mit unsereinem, daß dann Achternbusch-Fetzen an ihm herunterhingen, wär doch schauerlich oder? So Sterbegedanken, so Sterbemächte sind schon was Schönes, so dahertreibende Balkentöde, so daherkommendes nicht übers Ufer schreiendes Flußwasser, so eine Waldkühle in der Stirnhöhle, da kann mich das ganze sogenannte Bewußtsein, das pflichtgemäße, am Arsch lecken, bitte vorzustellen: das Bewußtsein in der Arschmorschl. Ich, mein Bizeps, wär schon parat, mit der Natur aufzubrechen, gelb bis zur Unverletzlichkeit zu werden, aber wielang, und das ganze Gewächs ist grün bis zum Muhn!

Allein mit einem Honigbrot.

Allein mit einem Schluck Wasser, allein mit meinem Daumen. Wenn man nur aufpaßt, ist man mit allem allein, wird Waffe, es wimmelt um einen von Waffen. Ich habe mich vergiftet, bin zum Arzt gegangen, Sie haben eine Vergiftung, die Drüsen schwollen, Ihre Drüsen sind stark angeschwollen, in der Leistengegend schwitzte ich das Gift mit Blut aus, sehen Sie das ist Blut juckts? Haben Sie Tabletten eingenommen? Sind sie verheiratet? Haben Sie am Geschlecht mal was gehabt? Geschwüre? Ich bin allein. Ich habs mit allem versucht, aber das kann doch nicht gut gehen, wenn man an eine herausgerissene Rippe, Sie kennen, Herr Dr., die grobe Art Gottes des Herausreißens, aja und Toledo und so, da wächst jetzt das Gras drüber und wenn Sie ein Grundstück haben wissen Sie wie der Ehrenpreis wuchert. Allein – die Lilien kommen jetzt aus der Erde wie rote Penisse, ein Glachl, sag ich Ihnen, is da dabei, steht nicht im Duden, Niederbayern und solche vom Innviertl wissens schon, wozu hängt einem so ein Trumm zwischen den Beinen? Allein – sowas kann man nicht wegschmeißen, daß es wie ein Kohlweißling durch die Natur stürzt. Und hat sich der Samen ergossen, ist man erst recht allein, allein und allein, und hofft, wenn sie wieder kommt, kann man mehr von ihr an die Brust raffen, und scharren und graben ausheben baggern und schaufeln und Länder umheben, Staudämme betonieren und die Erde um die Masse von Sternen vergrößern und immer mehr dazudenken – und nach dem letzten Fick legst dich auf die Seite und bist tot, allein. Oder willst Ghandi sein und gehn und gehn und nichts haben, und dann sind die Engländer fort und dann bist allein. Und dann sind die Russen fort und die Tschechen können schauen wie sie wollen. Eine Biene trägt ihre gelben Beutel heran und dir wird rot vor den Augen. Und du schimpfst und fluchst und wirst blau vor Zorn, und bist doch bloß aufm Farbkreis spazieren gangen. Eh oder Marcuse Brecht oder Mitscherlich geh weiter! Machiavelli Alberti was? Da gibts soviel Namen, daß man als Spinne sitzen kann. Allein sein und Fliegen fressen? Am liebsten ist mir doch der Wind, wenn er mir die Ohren streichelt. Hätt ich doch eine Nase, den ganzen Kirschbaum zu riechen. Wär ich doch so klug, daß meine Augen wie Tauben fliegen könnten, wären doch meine Organe widerstandsfähig wie Kieselsteine. Könnte ich doch tagelang so weiterschreiben. Dann sitz ich auf der Veranda in der Sonne Zeitung lesend und beginne, mich zu entschuldigen, das entfernte Autoburren und Kinderschrein ist doch so friedlich, die Amsel singt doch so schön, wärmende Sonne, das will mir doch alles weiterhelfen. Ja? Auf dem Grundstück lebt mein Großvater nicht mehr, vielleicht im nachbarlichen, jedenfalls geht drüberhalb der Hecke sein Strohhut entlang. Judit sieht manchmal meinem Großvater gleich, dann wieder der Großmutter, wie ich halt grad beisammen bin.

Noch eine knappe Stunde hab ich Zeit, dann kommt mein Fleischstück zurück. Obs wieder hinpaßt? in diese blutverschwollene Höhle. Wo Ohrenschmerzen waren, soll Lust sein. Irgendwie muß ich meine gutmütige Schlamperei mit Präzision ersetzen, Präzision ist für mich mit Böswilligkeit identisch. Ich darf z. B. auf dem Hemd keine Träller haben. Heute bestimmt nicht, ich trag ein helles Hemd und schau gut darin aus. Heute mach ich nicht einmal die Küche sauber, Entschuldigung: weil ich geschrieben hab und dann täusch ich über den Dreck mit so faulen Vergleichen hinweg: mit Schiller hab ich die Liebe zu Birnen gemeinsam, mit Shakespeare den väterlichen Misthaufen vorm Haus, und mit Stifter, sich in einem Zimmer zu verschließen. Ich hab zugemacht, damit ich die beiden Kinder nicht reinhöre, nicht so reinhöre. Denn es drängt mich auch, die Druse in meiner Seite zu vergrößern, abzudichten, darinzustehen in der schwarzen Hitze. Aber ich kann jetzt verdunkeln wie ich will, fast keinerlei Sätze leuchten mir irgendwie noch in der Dunkelheit auf. Sagen wollte ich sowieso nichts und jetzt kann ich auch nichts mehr sagen.

Z. B. fuhr ich gestern abend noch in die Stadt. Ich läutete bei Hartmut und dann bei Ebbes, niemand da. Tilman ist für 4 Wochen in Stuttgart, das weiß ich sowieso. Dann traf ich auf der Straße Ebbes mit ein paar so Würstln und seiner Freundin. Ebbes rühmte verschämt, in einem Western mit der Monroe gewesen zu sein, und meinte, es wäre doch besser jetzt mit zu John Ford zu gehen, meiner Spezialität, wenn er die Wüste filmt, ist sie wie lichtdurchflutetes Wasser. Er zeigt, wie aus Gewalt Recht und Gesetz wird, wie keiner. Hartmut ist heimgefahren, gestern wollten sie zu uns rausfahren, aber Hartmut sei übel gewesen, sie hätten wieder bis 4 gesoffen und diskutiert. Hartmut: Was der Ebbes die 2 letzten Monate dazugelernt hat, wie der jetzt schon argumentiert, brauchst ihm aber nicht zu sagen, was ich sag. – Da stand er und bat um Verzeihung, daß er diskutierte, auch eine Freundin hat, auch zu schreiben versucht und überhaupt, daß er so jämmerlich dahinlebt. Und Tilman hat einen ersten Preis für seine Fotos bekommen, das weißt du ja. Ja Tilman mit seinem Altweibermund, seiner Mongolenaufmachung, seiner Froschseele, wenn er mit Gerda in der Küche steht und ihr gesteht, daß es ihn so freut, uns kennen gelernt zu haben, gleich wieder quakt und dann 3 Wochen nach Stuttgart fährt wegen so einer Ausstellung, und unser Westernfilmprojekt verschoben verschimmelt, wir beide könnten das, die andern sind vielleicht zu Pferden tauglich, der eine liebt den filosofischen Schwatz und der andere sorgt sich ums Literarische, Allonschn.

Ja Tilman, gestern war ich mit den 3 größeren Kindern im Tierpark. Die Kamele waren da, und in dem Graben hausten die fetten Mäuse, von dem aus wir fotografieren müßten. Aber du bist in Stuttgart. Die Leute sagten Paßgang und Wüstenschiff und das hat hinten ein Gelenk mehr wie andere Viecher und die Kamele trugen die Köpfe sehr hoch und im Himmel tronte ein Kamelkopf wie ein barocker Gott und ich sagte: Du bist allhaarig. Ich drehte mich um und spie vor mich hin ins Kirchenschiff, sah die Gläubigen, ihre Kinder, und bekreuzigte mich, nie glauben zu müssen, nie zu werden wie diese, nie einen Dacron/Schurwolle-lifter zu tragen, knitterarm, federleicht, luftdurchlässig! Denn daß unter diesen Bekleidungen Menschen sind, scheint mir unwahrscheinlicher als Christus in der Hostie. Was müßte denn dann unter Tierfellen sein, unter dem Giraffenfell, nicht auszudenken. Wie gesagt: Gott sah mich aus dem Himmel an mit sehr beweglicher Schnauze.

Gerda rief eben an, daß sie um eine Minute den Zug wieder nicht erwischt hat, ich habe eine halbe Stunde mehr zum Schreiben, und eine Monografie von Ramakrishna gekauft hat. Wieso von dem? Der verehrt doch Heuss, und der ist doch bloß ein bißchen schlechtes Gewissen, ein Kinderlätzchen saublöder Deutscher.

Also allein wie mein Waschlappen, den ich, wenn ich mich schon morgens wasch, im Waschbecken liegen laß, der vormittags noch nach Achselschweiß riechen mag, dann nur noch nach Wasser ältlichem Wasser, fadem, aufgetrocknet, in den Falten etwas länger feucht. Und damit ließe sich mit ebenso beschaffener Schamspalte und Zeugungsaufnahme in alle Ewigkeit weiterspinnen. – Mitten im Gehege lagerte nur ein Renntier. Wo sind die andern, fragte Andi. Die sind gestorben, sagte Rut. Ich erinnerte mich an meinen weggeworfenen Vers: Ich bin an die Isar zu den Renntieren gegangen, einen Engel

zu füttern, vergeblich, ich bin zu den Häusern aus dem 19. Jahrhundert gegangen, einer Dame des Rokoko zu begegnen, vergeblich, ich lerne besser Schwedisch.
Ja Tilman du bist schuld.

Meine Freundin

da ich

1

schreibe, lieber eins sage, da ich kein Freund der Literatur bin, aber eine Einteilung brauche, denn unter Literatur versteh ich den geglückten Versuch, sich verständlich gemacht zu haben, da aber Verständnis ein Irrtum ist und ich dennoch die Kapiteleinteilung genommen habe, und die Gedanken, mit denen ich schon tagelang spiele, mit mir zu spielen beginnen, und ich an ihrer Freizügigkeit nicht teilhabe, vollständig Opfer bin, willenlos im Tunnel der grünen und Garaschenmauern, daß, als schösse wie aus einem Vorrat fetzender schriller greller bunter farbiger Gedanken eine Handvoll wie Fäden an einer Marionette in den Kopf eines alten Mannes, der mir den Riedenerweg hoch entgegenkommt, er plötzlich das Gesicht des verstorbenen Konrad Adenauer gehabt hat

und ich weiterstrebe und in stehender Stellung meine Person, oder welche Person es ist, die Rippenbögen aus meiner Brust vor mich her drückt und ich beinah falle, da ich in diesen Augenblicken ständig vor mich hinfalle, als sei es wahr, daß, aber davon später, denn ich kann es nicht wahrhaben, als könnte es sein, daß sie, daß überhaupt jemand, daß meine Freundin, aber davon später, gleichsam an den Zäunen hinge hundertfach jetzt, jetzt natürlich, für den Fall, daß ich es wahrhaben könnte, aber jetzt laßt mich in Ruhe, jetzt Ruhe, Ruhe, damit ich weiterkomme, weiter, als sei doch nichts geschehen, was geschehen ist, geschah, wird wird, da mir alles zusammenfällt, weil ich anfange, was schon zusammengefallen ist, sie, und ich fliege wie der letzte japanische

Jäger auf Pearl Harbor, der auch noch was zerstören möchte und nur Rauchqualm vorfindet, in dem nur noch die Zerstörung dessen nachzittert, was gewesen ist, da ich also weiterschreibe und allerlei um mich her steht, als seien es nur Pseudonyme, da sie aber nur Reste, farbige Kannelüren im Perserschutt, den wegzuschaffen, noch dazu ohne die Touristen zu stören und in der Regenzeit gehts sowieso nicht, da ich also weiterschreibe und eine neue Zeile beginne, bleiben mir die Freuden der Rekonstruktion fremd, bleibt mir die Trauer komplett und ich brauch kein Jota von dem aufzugeben, was war, und wenn ich nur an ein einziges Haar denke, das gewesen ist und bis zur Verwesung noch tagelang sein wird, sagt dieses Haar: Ehe Abraham ward bin ich, da es so ist, und ich aufrufe, sich vor meiner Nase zu verneigen, die sich wie eine wunderbare Nase den Geschmack der Verbrennung nicht stumpf machen lassen kann, wie ein Auge, das sich nicht satt sieht und lieber den Körper seines Wirts verläßt, als unterm Lid zu verfaulen, wie eine Wunde, wie ein Bewußtsein, das die Ausschnitte der Welt überm Raster der Herzschläge betrachtet, wie Hyperbelbögen aus dem All, die immer näher kommen und doch die Brust nicht zerdrücken, bis dann ein Schüler radiert, und, so ein Dummkopf, die Hyperbel aus dem Nullpunkt des Koordinatensystems ins Unendliche treiben läßt, ich weiß nicht mehr recht, und eine nachträgliche Information, wäre das nicht wie das schändliche Interesse für einen Toten, den man zu Lebzeiten zu wenig kennengelernt hat?

Da ich aber rede und schreiben muß, als folgerte ich die Zustände des Nichtseins aus meinem eigenen Tod, müßte ich doch gleichsam sagen, das ist für dich, der weiße VW, den ich erwähne, ist für den weißen VW, die Abendstunde für die Abendstunde und die Gehirngeschwulst des Morgens rauft mit sich selbst, da aber Schritte ins Wohnzimmer Schritte ins Wohnzimmer sind, lebe ich also, und morgen heute sein wird, lebe ich also morgen auch und so weiter, wenn nicht übermorgen morgen gestern sein würde und nicht dazwischen mein Erinnerungsvermögen Vergeßlichkeit würde, da ich also heute vergessen habe, woran ich mich morgen wieder erinnere und das Auftauchen dieser Erinnerung heute unmöglich ist, kann ich vielleicht morgen vergessen, was mich heute beinahe kaputt macht?

Da jetzt im Radio At Last von Glenn Miller gespielt wird, lächelt meine Freundin, wie Miller die Musik dirigiert, der gestorben ist, da ihr Lächeln dasteht wie ein römischer Fußsoldat, ist es nicht ihr Lächeln und sie selbst ist ein Fingernagelschnipsel wie die faustdicken Erfindungen zur Vergangenheit wie Kohorten, Legionen und Limeswälle, aber das Produkt einer starken Fantasie, die aus blanker Erde Schwertgriffe formte und verrostete Klingen und Münzen mit grünen Kaiserköpfen und damit Museen füllte, daß man beinah glauben könnte, sowas hats einmal gegeben, und da jetzt In The Mood von Miller gespielt wird, das Otto immer auf seiner Quetsche gespielt hat, und da er es Abfahrt vom Jenner nannte, damals, als wir auf dem Schikurs gewesen sein sollen und mir erst neulich auf seiner Hochzeit eine seiner Schwestern sagte, daß er das Stück, das im Radio immer noch läuft, so genannt hat, obwohl er es auch früher spielte, jetzt ist Schluß, hat er vielleicht doch letzten Samstag geheiratet, und da jetzt immer noch Schluß ist, hat er vielleicht doch nicht geheiratet und er ist immer noch ledig oder nur verheiratet, wenn ich In The Mood höre, und da das Quatsch ist, da ich also doch letzten Samstag schon kurz nach 10 vor der Sebastian-Kirche stand und einen fragte, der vielleicht dann im Chor mitsang, und da ich jetzt also zu Recht ein wehmütiges Gefühl habe, als müsse ich jetzt groß aufs Klo, denn dort verschwindet ja immer ein gewichtiges Stück unseres Lebens, das wir nie mehr zu Gesicht bekommen, da ich also vor der Kirche und den ganzen Tag und am Abend wieder dieses wehmütige Gefühl hatte, als müsse ich für ein paar Stunden die Kanalisation eines ganzen Viertels mit meinen Ausscheidungen verstopfen, als ginge ich seit 13 ja 15 Jahren zum erstenmal wieder auf die Toilette aber diesmal unausweichlich und ohne Garantie, daß diesmal nicht auch mein Gedärm und der Magen und die Speiseröhre und überhaupt alles und auch die Anzugjacke, die ich den ganzen Tag nicht auszog, da ich also anständig bekleidet und Zeuge sein mußte und immer noch die Bangigkeit habe wie ein Mensch, der unmittelbar davor steht, das Opfer einer Darmverstopfung zu werden, wie der Pfarrer, der mich mit Gerda in Perlach getraut hat und eine Woche später an einem Ileus gestorben ist, und da ich einen Schulfreund, den ich 10 Jahre nicht gesehen, sofort erkannte, und er mich mit Herbert begrüßte und ich das Franz, an dessem Zutreffen ich zwar zweifelte, nicht aus dem Mund brachte, aber da ich, wenn man mir einen neuen Tisch bringt, ich lediglich die Platte abwische, höchstens noch mit Vim reinige, dann auf ihn die Schreibmaschine setze und weiter gehts, da ich aber Ottos Braut erblickte, da mir dabei kalt wurde, kalt oder warm, da sie Irene ähnlich sieht, da ich zweimal hinsah, oft hinsah, obs sies nicht vielleicht sei, wer weiß, Otto hatte mich oft gemahnt, Irene nicht sitzen zu lassen, da ich wie vom schönen sonnigen Vorplatz der Kirche gerissen und in die unwiderbringliche Vergangenheit geworfen mich unwiderbringlich verloren dünkte und da ich nur noch hilflos dem schwarz gekleideten Ottokäse, so schlecht sah er aus, 5 Mark abknöpfte, Wettschulden, weil er mir vor 13 Jahren geradezu schwor, daß er Luise heiraten werde, da also Ingeborg dastand wie meine nun doch in ein Verdienst umgewandelte Schuld und mich für eine lange ich weiß nicht vergangene Zeitspanne erst recht verwarf, und ich zu kreisen begann zu den Schaukästen an der Kirche mit unvergänglichen Worten und gleichsam die Pflasterung dieses hellen Kirchenvorplatzes siebte, ohne einen Stein durchs

Sieb zu bringen, daß sie an mir zogen und ich die Tiefe des Meeres in seiner Dimension der Vernichtung wahrnahm und aufblickte zu den Gästen, Bauern aus der Oberpfalz, Ottos Verwandte und Lehrer, seine Kollegen und ehemaligen Schulfreunde, bist du auch Lehrer, fragten sie mich, und in Hände griff, als ging nun ich in der Hochzeit unter, nicht der Bräutigam, der zu mir aus der Käserei herüberblickte, als weide ich, obwohl ich den gleichen Prozeß mitgemacht, schon wieder die Kühe und sei nicht ploß eine Scheibe Emmentaler zwischen den Broten des Vorübergehenden, die Wiese grün wie die am Bahnhof Neumarkt-Sankt Veit, wenn man rechts vom Bahnhof weggeht, das gehört schon hier her, genauso wie die Toten vom Nürburgring, die über Strohballen hängen, da ich also nicht verzweifelt den Mund wie der Emmentaler ein Loch aufreißt, nicht gefressen zu werden, da also Otto jetzt nicht über das Parkett, über die Bohlen vom Baumgartner Tanzsaal in Deggendorf schlitterte, um mit Luise über sämtliche Meere schaukelnd zu schwitzen und aus dem Schweißgesicht zu grinsen, als habe er, der Gorilla-Mann eine ganze Weibchenherde seinem Rivalen abgerauft und tobe nun besoffen durch die Orkane seiner Gefühle und doch nicht selbst Orkan, denn er, Otto, ist gehalten von seinem lieblichen Schiffchen Luise, ja lieblich war sie, wenn sie auch später Volksschullehrerin wurde und nicht Ottos Frau, da sie also nicht Ottos Frau wurde, und ich Ingeborg ins Gesicht sah und wähnte, ob sie nicht doch Irene sei, nun also Ingeborg blieb aber mit Irenes Wind in den Segeln, und mir ein Boot wegfuhr, daß ich plötzlich licht wähnte aus den schwarzen Engen der vertrockneten Schultinten, da also alles einen Weg ging, der mich überflüssig machte, überflüssig als alten Sündenbold und zahlungspflichtige Zukunftsschaukel, da ich neben Franz über alte Zustände auf der Schule schimpfend, die gerade noch über uns ihr Maul zugeklappt hatten, auch in die Kirche trödelte und schon längst wieder gegen die

Schwärze boxte, die mir diese zufälligen Umstände übergeworfen hatten, wann ist endlich in uns auch die ordentliche Abfolge von Tag und Nacht wie in Tagen und Nächten, damit wir uns einstellen können und weder zu verzweifeln noch froh zu sein brauchen, also Luise leb wohl, stirb wie ein Maikäfer Ende Mai im Geschlechtskrampf und komm mir nicht mehr mit unvergänglicher Anemonenraschheit, weg, weg, da wir also in die Kirche tauchten und eine furchtbare Musik den Tod daherlatschen lassen wollte, wie einen Herkules, daß wir uns ja unseres Augiasstalls bewußt würden, als sei der Tod nicht milböser als Bakterien und Viren, die Luft ist zu schwer ihn zu wiegen, dem wirklich nur die Leichtigkeit unseres Lebens entgegengehalten werden kann, das ihm allerdings oft einfach zu leicht erscheint, daß er es über 80 Jahre geflissentlich in der Luft stehen läßt, da also mit unglaublichem Gedröhn die Mariazeller Messe von Haydn zur Aufführung kam, daß wir uns von dem Gott, den wir in der Schule gelernt haben, ergriffen fühlten, der so von der Salzburger Autobahn hereinkam, wo er eben einen Igel zerdrückt hatte, den Finger noch naß und solange blieb, daß in Pfarrkirchen gewiß ein Flug Tauben zu weit in den Himmel hinauskam und die Felder unter sich nicht mehr erkannten und so das Leben verloren, einfach erstickten irgendwo in der Stratosfäre aus Unachtsamkeit, da das zum Verzweifeln war und ich fatale Sitzschmerzen bekam, vergißt du nicht zu erwähnen, daß Irene die Freundin deiner Feundin gewesen ist, die einmal fast wie die schöne Französin neben dir saß, die dann versprach, in 50 Jahren wieder neben dir in einem Kafe aufzutauchen, hei! grau und ledern, aber mit ihren Augen, ihrem Blick, einen Augenblick? 11. Juni 1969

Die Macht des Löwengebrülls

Laßt es nur zu. Es ist gut, daß wir machen, was recht ist. Es steht auch geschrieben, du sollst deinen Gott nicht versuchen. Hau ab! Es heißt: Deinen Gott sollst du anbeten und ihm allein folgen. Kehrt um, das Glück ist nah. Kommt, ich will euch zu Menschenjägern machen. Selig die Geisteskranken, sie sind glücklich. Selig die Traurigen, sie werden geküßt werden. Selig die Sanftmütigen, sie werden das Glück spenden. Selig, die nach Gerechtigkeit dürsten und hungern. Selig die Barmherzigen. Selig die Guten, die Friedensstifter. Selig die Verfolgten. Wenn euch die Menschen um meinetwillen schimpfen und jagen und euch verleumden, freut euch, singt, ich werde euch glücklich machen, sie haben es ja immer so gemacht. Ihr seid das Salz der Erde. Taugt es zu nichts mehr, wirft man es weg und es wird zertreten. Ihr seid das Licht. Euch hab ich gern. Die Stadt auf einem Berg kann nicht verborgen bleiben. Man zündet kein Licht unter einem Stuhl an, man tut es in eine Lampe, dann leuchtet es. So leuchtet, damit man euch sieht und euch preist um meinetwegen. Ich bin nicht gekommen, um etwas aufzuheben, sondern um es fertig zu machen. Das sag ich euch, solang Himmel und Erde bestehen, vergeht nichts. Wer also einen Stein aufhebt und ihn bewahrt, wird von den Glücklichen der Kleinste sein. Wer aber einen Kranken pflegt, wird mächtig sein im Glück, das sag ich euch. Denn wenn ihr nicht gerechter seid als ein Hase, dann reicht es, daß ihr auf einer Wiese hopst. Wer nur in die Kirche geht, wird nur in der Kirche bleiben. Ihr wißt, daß es seit je heißt: Du sollst nicht töten. Solang du aber auch nur schimpfst, ist es besser, du verbirgst dich in einem dunklen Zimmer. Nach dem Gesetz Steuern zu zahlen, ist keine Rechtfertigung: Was soll es heißen: dem Staat dienen, und keinem ein Freund sein. Verständige dich ohne Verzögerung mit deinem Gegner, solange du mit ihm noch unterwegs bist! Sonst könnte er dich anzeigen, und du könntest lang eingesperrt bleiben. Ihr wißt, ihr sollt nicht ehebrechen. Ich sag: Wer nur eine Frauenwade ansieht und ans Huren denkt, ist ein Saukerl. Wenn du also die Augen aufreißen mußt, dann halte dir die Hände vor. Denn es ist besser, du siehst nichts, als daß dir das Elend verborgen bleibt. Oder hast du nicht Angst, daß man dich in einem jetzigen Glück zerstückeln könnte? Und stell dir vor: man haut ewig auf deine Wunden. Man sagt auch: Wer seine Frau nicht mehr mag, soll sich scheiden lassen. Ich sag euch: Jeder, der seine Frau wegschickt – ausgenommen sie betrügt ihn immer – macht sie zum Flittchen. Wer dann so eine aufnimmt, ich weiß nicht, ob ihm das Spaß macht. Ihr wißt auch, daß ihr keinen Meineid schwören sollt. Ich sag euch: Ihr sollt überhaupt nicht schwören, weil für euren Schwur nichts gradstehen kann, laßt euch da nicht beschwatzen. Sagt ja oder nein, so gut ihr könnt, und wenn euch ein Farisäer bedrängt, schiebt ihn zur Seite. Alles andere ist Schwindel. Das kennt ihr doch: Aug um Aug, Zahn um Zahn. Macht da nicht mit, laßt euch schlagen, ihr werdet sehen, dann bringen sie sich gegenseitig um. Besser du verschenkst alles, als daß man es dir nimmt. Ihr wißt ja auch, was sie zu euch sagen: Den Freund lieben, den Feind hassen. Ich sage euch aber: Liebt eure Feinde! Dann wird euch der Aufgang der Sonne nicht mehr zur Last sein. Ja, ihr werdet die Hoffnung der Schlechten. Nur die Freunde grüßen, tut das nicht jeder? Macht nicht in der Kirche eure Geldbörse auf, denn was ihr in der Kirche tut, dafür kriegt ihr nur kirchlichen Lohn, und das ist ein schlimmer Lohn. Wenn du was Gutes tust, dann tu es mit verwahrlostem Kopf, damit du selber nichts merkst. Ich will meine Hand über dich breiten, damit du im dunkeln Ungewissen bleibst. Wenn ihr betet, macht es nicht mit priesterlichen Augenaufschlägen und bischöflichen Gesten, macht euch nicht zu Affen, die Gefallen suchen. Denn ein Mensch, der schon seinen Lohn hat, ist verloren. Wenn du betest, sieh niemanden an. Am besten du bist allein und weißt dich verloren. Ich werde über dir sein und dich kalt anhauchen. Wenn ihr betet, so plappert nicht wie die Leute, die niemand anhört. Macht keine Wörter. Ich kenn euch doch. Betet so:

Du bist überall
Verschweige deinen Namen
Komm
Und laß dich sehen
Laß uns nicht hungern
Und mach uns rein
Aber quäle uns nicht sinnlos
Sondern beschatte uns amen

Wenn ihr fastet, so fastet nebenbei. Fastet nicht wie die Kirche, ihr kennt ja ihr düsteres Aussehen. Sie spielt sich vor der Welt in eine heilige Rolle: sie hat schon ihren Lohn. Wenn du fastest, wasch dein Gesicht und halte dich eine Stunde still. Du sollst dabei nicht rumkriechen. Ich werde neben dir sitzen, und eine Stunde lang achten, daß dir nichts einfällt. Sorgt euch um keinerlei Besitztümer. Denn wer welche hat, dem werden sie aus den Händen wie aus dem Kopf gezogen. Denn wer besitzt, der nennt sich auch einen Besitzer. Mach deine Augen auf, dann gehts auch deinem Leib gut. Denn wenn du blind dahinrennst, wer soll dann sehen! Aber du bist nicht Leib und Seele, du kannst nicht essen und beten. Denn welches Gebet käme einer Zwiebel gleich, die du verspeist? Lebt also dahin und geht nicht in den täglichen Sorgen auf. Wäret ihr nicht, hättet ihr keine Sorgen, also seid ihr unabhängiger als die Sorgen. Könnt ihr euren Schuster nicht bezahlen, so fühlt euch nicht verdammt. Schaut euch die Vögel an, sie fliegen hin und her, meint nicht, ihr könntet mehr. Die säen nicht, die ernten nicht, seid also nicht ängstlich, einem Besitzenden was zu nehmen. Oder was sorgt ihr euch um die Bekleidung wie Pfaffen? Das Gras wächst und welkt, und ihr meint, ihr müßt Brokat und Gold zu Staatsempfängen tragen. Also fragt nicht: Was wollen wir essen? Was sollen wir trinken? Womit sollen wir uns bekleiden? Um das sorgen sich der Staat und die Leute. Suchet zuerst mein Reich, und dann flieht, um nicht die Besitztümer zu erlangen, die euch nachgeworfen werden. Kein Tag ist kurz genug, um keine Plage zu sein.

Als er das geschrieben hatte, ging er aus dem Zimmer, durch den Garten, in der regnerischen Luft war ihm, als sei er ein Stück Fleisch, das man unter die Wasserleitung hält und wäscht, weil es schon riecht. Er dachte: Genauso gut könnte ich einen Teppich herausholen und im Garten auslegen und mich darauf stellen und stehen bleiben. Er hatte eine Abmachung im Rundfunk und fuhr dorthin ohne die geringste Fähigkeit, auch was zu leisten. Als er allein im Studio saß, mußte er die ganze Aufmerksamkeit darauf verwenden, beim Umblättern keine Geräusche zu machen. Er las einen älteren Text, bei dessen Abfassung er nicht die Zweifel wie bei diesem gehabt hatte. Sein Freund Philipp saß bei der Toningenieurin und befürchtete, daß ihm die Nase tropfen würde. Es war ein kurzer Tag.

Ich Gelb Rot Länge Senkrechte Fenster Tür Glas Morgen Färbung Jahreszeit. Ich hab wieder nicht die Schlafanzughose angezogen, sondern lieg mit der Unterhose im Bett: Faulheit Verworfenheit Untergang Maden Erde Stein Hitze Feuer ewig – geht zu keiner Partei, so werdet ihr nicht gerichtet. Die Meinung, die du annimmst, wird dir zum Fallstrick werden. Was wirfst du deinem Bruder die CSU vor und bist selber bei der SPD. Oder wie kannst du sagen: Laß mich dich für die KP gewinnen und selber bist du ein Faschist. Du Heuchler, denk erst über dich nach, dann magst du sehen, wie du deinen Bruder von der KP abbringst. Gebt euch nicht den Parteien preis, werft eure Perlen nicht den Säuen vor. Sie könnten sie sonst zertreten, sich umwenden und euch zerreißen. Bittet, und es wird euch gegeben. Suchet, und ihr werdet finden. Klopft an, und es wird euch aufgetan. Denn jeder, der bittet, empfängt. Wer sucht, der findet. Wer anklopft, dem wird aufgetan. Wer von euch wird seinem Sohn einen Stein geben, wenn er ihn um Brot bittet? Oder wer wird ihm einen alten Schuh geben, wenn er um eine Wurst bittet? Wenn nun ihr euren Kindern gute Gaben zu geben wißt, wieviel mehr werde ich denen Gutes tun, die mich darum bitten. Alles, was ihr wollt, daß euch die Menschen tun, das tut auch ihr ihnen, denn das ist der Sinn der Welt. Kommt auf meine Hand. Viele kriechen mir durch die Beine, und wenige richten sich auf, mich zu küssen. Und wer von denen, die mich küssen, verrät mich nicht? Hütet euch vor den Kirchen! Sie kommen in Schafskleidern zu euch, innen aber sind sie reißende Wölfe. An ihren Früchten sollt ihr sie erkennen. Sammelt man von Dornsträuchern Trauben oder von Zaunpfählen Äpfel? So regnet nur die Regenwolke, und einen Stein kann man nicht kochen. Auf einen VW kann man nicht die Kotflügel eines Opel montieren und auf einen Opel nicht die Kotflügel eines VW. Doch alles, was nicht zusammenpaßt, wird kaputt gemacht. An ihren Früchten sollt ihr sie erkennen. Nicht jeder, der zu mir du du sagt, ist mir nah. Es kommt der Tag, da Lehrer sagen werden: In deinem Namen habe ich geohrfeigt. Da Regierende sagen: In deinem Namen haben wir Ordnung gehalten. Und Wissenschaftler: In deinem Namen haben wir die Wunder der Erde erforscht. Ich werde ihnen erklären: Ich habe euch nie gekannt. Weg von mir, ihr Teufel! Wer mich hört und mir folgt, ist ein kluger Mensch. Wenn er enteignet wird und bei schlechtem Wetter für Kanalarbeiten eingesetzt wird und zusammenbricht, hört er nicht auf, mich zu loben. Wer dagegen nicht auf mich hört, gleicht einem Arbeiter, der schuftet, sich ein Auto und ein Haus und Ansehen zu erwerben, und doch ein Dummkopf bleibt, wenn er stirbt, bleibt nichts als Gestank von ihm. Denn ich habe die Macht, und nicht diejenigen, die in meinem Namen sprechen. Als er das gesagt hatte, nahm er eine Nagelschere und ließ von seiner Hose den Saum heraus, damit sie ihm nicht mehr zu kurz sei und er lächerlich erscheine.

Aber wenn ihn die Kraft verlassen hatte, dann verzog er sich. Er verschwand im Schlafzimmer, wo er für niemand erreichbar war. Dort hatte er sich nämlich einen Tisch und einen Stuhl aufgestellt. Er sah durch die Scheiben der Balkontür in einen zum größten Teil entblätterten Baum. Der stand neben einem Tannenbaum vor einer Garage, dahinter war ein Hügelzug, auf dem Dunst ruhte. Wenn er sich hingesetzt hatte und mit gewissenhaftem Mut ein Buch weiterlesen wollte, tat es ihm gut, nur zu sitzen und vor sich hinzusehen, das war wie ein ruhiger Fall, mit der Gewißheit, nie aufzuprallen. Aber wenn er so ins Sitzen kam und das geschlossene Buch vor ihm liegen geblieben war, dann sah er immer wieder auf den Baum hinaus und wollte nichts von dem schreiben, an das er denken mußte. Bei einem Verkehrsgeräusch hoffte er. Er meinte, daß er von einigem berichten müßte, aber nichts hatte sich ihm so genau eingeprägt, daß er es bei einer Erwähnung auch nur wieder erkannt hätte. Er bekam Kopfschmerzen, am meisten in der Gegend, wo der Unterkiefer in den Schädel eingerastet ist. Er dachte bei sich: Alleinsein ist was Schreckliches. Aber noch schrecklicher ist es, mit anderen zusammen zu sein. Denn wenn man allein ist, kann man sich über den Schrecken hinwegsetzen und darf nichts als ermattet sein, was einem andere als Übel, als Langeweile ankreiden könnten. Allein konnte er vielerlei erwägen, was in einem Gespräch nichts zu suchen hat.

Wenn er von einem Spaziergang nachhause kam, erinnerte er sich gleichermaßen an einen Besuch seiner Tante vor 3 Monaten, an die Zeit, da er in einem Taubstummenheim Aushilfe war oder an den gestrigen Besuch bei einem Freund, oder an den letzten Abschnitt, den er kurz überflogen hatte. Dann befürchtete er, daß ihm einige Sätze, die ihm auf dem Spaziergang eingefallen waren, entfallen bleiben könnten. Zur politischen Agitation hatte er keine Kraft, und wenn er die Kraft hatte, dann machte er mit seinen Schülern Faxen. Er hatte sich z. B. überlegt, ob er nicht auch das Wandern mit seiner Klasse auf einen kleinen Berg als Erinnerung ausgeben sollte, wie er mit den Schülern in der Laubstreu steht und sie lehrt, was man ihn gelehrt hat. Er bedachte, ob er nicht als Hausaufgabe motivieren soll, was etwas unbeholfen zwischen seinen Absätzen steht. Er hoffte zeit seines Lebens immer wieder, vom herbstlichen Waldgeruch ohnmächtig zu werden. Hatte er doch heuer wieder in der Klasse erwähnt, wie es die vornehmen lebensmüden Römer vorzogen, in einer Badewanne schmerzlos zu verbluten. Er sah gern in die verschwommenen Kindergesichter. Ältere Leute anzutreffen, war ihm zumeist ein Greuel. Bei Bekanntschaften pflegte ihm das Guten-Tag-Sagen der eigentliche Genuß zu sein. Er lebte, wie man so sagt, am Rand der Gesellschaft. Daß er einige ihrer Kinder im Unterricht hatte, war mehr ein Zufall. Als er das geschrieben hatte, fuhr er mit seiner eigentlichen Arbeit, mit der er sich zur Zeit schriftstellerisch beschäftigte, fort.

Ich will, sei rein! Paß auf, daß du es niemand sagst. Zeig dich besser einem Priester, damit du ihm ein Ärgernis bist. Ich will kommen und dich gesund machen. So einen Glauben wie bei dem Filmproduzenten habe ich in der ganzen Industrie nicht gefunden. Aber ich sag es euch ja: Gammler und Kapitalisten werden zu mir kommen und mit mir und Abraham an einem Tisch sitzen. Die Beamten aber werden in die Finsternis hinausgeworfen. Dort sollen sie erst einmal das Heulen und Zähneknirschen lernen. Die Ehemänner haben ihren weiblichen Schoß, die Züge ihre Schienen. Ich aber rufe euch zu: Folgt mir und laßt die Toten ihre Toten begraben. Was seid ihr furchtsam, ihr Kleingläubigen. Wenn mir nicht Wind und See gehorchten, wie könnte ich dann von euch Gehorsam verlangen. Fahrt in die Schweine! Sei getröstet, deine Schuld ist dir nachgelassen. Warum denkt ihr

Dummes in euren Herzen? Über ihn wäre zu sagen, daß er zwischen Nase und Mund eine schräge Narbe hatte, die, vielleicht schlecht genäht, die Oberlippe etwas hochzog, vielleicht aber auch die bestmögliche Operation war. Die Hände auf den Rücken verschränkt, habe, wie man sagt, seine rechte Schulter oft ein Zucken erfaßt. Wenn er sonntags den Weg ging, den viele Kirchenbesucher auch gingen, und vorzeitig abbog, ward er öfters am Rand des Dorfes gesehen. Am Nachmittag ging er in die 4-Uhr-Vorstellung des Kinos. Am Abend drehte er das Licht in seinem Zimmer an, er hatte 3 Zimmer. Am Montag ging er in die Schule. Wenn er mit seinen Kindern die Hauskatze besprach, hatte er die Katze seiner Wirtin mitgebracht. Während seiner Ausbildung hatte er einige Schwierigkeiten, mit der Musik etwa, aber angesichts des Lehrermangels hatte man ihm schließlich vor allem auf Antrag seiner Mutter das Gitarrenspiel erlassen. Es war merkwürdig, auf welche Weise die Mutter noch in das Leben des 29jährigen eingriff. Doch war er etwa nicht bis in dieses Alter kindisch geblieben, vielmehr hatte ihn ein privates Ereignis vorübergehend auf eine gewisse Anfälligkeit für Elternhilfe zurückgeworfen. Übrigens mochte er eine gewisse, schon überalterte Art amerikanischer Musik gern, wie etwa den Titel Three Coins in the Fountain. Was seine eigene Einstellung zu seinem Studium betraf, hatte er schnell eingesehen, daß es Studium generale nur wegen höherer Lohnansprüche genannt wurde, wie ja auch die dreijährige Ausbildungszeit ein übles Zeitschinden darstellte. Er ärgerte sich in beschränktem Maß über diese Länge, da sie ihn beinahe von seinem Berufsziel abgelenkt hätte. Eine gewisse Befürchtung, wieder in eine alte Lebensweise zurückzufallen, hatte er zeit seines Lebens.

Aber es war ihm ja schon zu Beginn dieses übermäßigen Abschnitts eingefallen, daß mitgeteilt hätte werden sollen, wie hilflos zu Beginn seiner Laufbahn er den kleinen Kindern in der ersten Klasse gegenüberstand, da gewisse

Vorfälle von den ihm beigebrachten Methoden nicht erfaßt wurden. Wenn z. B. ein Kind die Hose näßte und unter dem Stuhl das Wasser stand, bot er dem Kind sein eigenes Taschentuch zum Aufwischen an. Als im zweiten Jahr seines Schuldienstes ein Junge Nasenbluten bekam, schickte er ihn auf die Toilette und ging ihm selber bis zur Toilettentür nach, jeden Blutstropfen auf dem Fußboden verärgert mit der Schuhsohle verwischend. Aber schließlich hatte er auch in der Ausbildung Fehler gemacht, z. B. hatte er in einer Naturkundestunde die Eckzähne des Menschen mit den Reißzähnen der Affen identisch erklärt. Aber er lernte. Nur das Gewirr der Kinder konnte ihn oft bis zur Verzweiflung bringen. Da stellte er sich zuhause nach getaner Vorbereitung zur Ablenkung schriftstellerische Aufgaben. Was er dann aber tatsächlich niederschrieb, war ihm stets eingefallen. Das wäre mit einem Herrn A zu vergleichen, der die Frau B liebt und dann plötzlich die Frau C küßt. Über seine Mittagsstunden läßt sich eigentlich nichts berichten, als wären sie aus dem Gedächtnis gelöscht. Um 12 Uhr werden schon wie gewöhnlich die Kirchenglocken geläutet haben. Den Geruch des Schweinebratens in einem bayerischen Dorf kennt ja ein jeder, ich darf nicht vergessen mitzuteilen, daß ich da an sonntags denke. Bei dieser Gelegenheit kann man auch erwähnen, daß er dieses Manuskript zwischen den Deckeln eines Kinderbuchs aufbewahrte, das den Titel trug Die Macht des Löwengebrülls. Der Verbleib des ursprünglichen Buchinhalts ist unbekannt.

Am Vormittag eines letzten Sonntags vor Allerheiligen, hatte er die Vorlage, mit der er weiterarbeiten wollte, durchgelesen, war aber über ihre Verwandlung ratlos gewesen. Er machte am Nachmittag bei bedecktem Himmel und föhnwarmer Luft einen Spaziergang, kam auch am Tennisplatz vorbei, dessen Linien bereits mit Brettern abgedeckt waren, und der Platzwart trug in einem gewöhnlichen Plastikeimer Latrine an die geschnittenen Rosenstöcke, als sei das Klubhäuschen nicht an die Kanalisation angeschlossen und die Versitzgrube voll. Es lagen 2 noch verpackte Torfballen bereit, auf den Dünger Torf um die Stöcke zu häufeln. Das wird jetzt auch schon getan sein, dachte er am Abend. Im Radio lief eine Sendung titels Saga der See, die sich mit Seglern und den Anfängen der Dampfschiffahrt beschäftigte. Er empfand kurz die Angst nach, die ihn als Kind bei Schilderungen von Schiffsuntergängen erfaßt hatte, und richtete seine Gedanken auf den morgigen, montäglichen Unterricht.

Als er sich mit der Schreibmaschine zur Abschrift dieses Textes an den Tisch setzen wollte, nahm er lediglich einen sehr schönen, weichen, wattierten Rock vom Stuhl und legte ihn auf das noch nicht gemachte Bett und begann also nach diesem einführenden Satz: Sich an der Natur ein Beispiel nehmen, also auch im Wind stehen, also lieber in Handschrift einen Text schreiben als ihn auf der Schreibmaschine verfassen, ganz richtig: statt verfassen schreiben (und wie er den Text auf der Maschine tippte, waren schon wieder 2 Tage vergangen, und den Vergleich mit einem Bach nicht scheuen, ein Ausdruck, der, wie ein Hühnerauge noch nicht, ein Mytos ist. Bei Tee ist Streit und Süßigkeit zuviel, entweder oder. Ein gesüßter Streit, pah! Salz und Streit irgendwie. Ja ein Schnitzel Salzhering als Streit, ein brauner Matjeshering durch die Mattscheibe des Hirns gezogen. In der technisierten Welt kennt er sich nicht aus. In der Welt kennt er sich nicht aus. Und Abstriche machen, zuerst am Magen, denn mit Speisenverminderung gehts an. Wer Interesse hat am Aufputz der Dinge, braucht nicht zu hungern. Sich anziehen und ausziehen, man kann nicht Tag und Nacht dasselbe anhaben. Nachkommen in des Wortes doppelter Bedeutung. Seinen Anzug ins Fenster hängen an einem noch sonnigen luftigen Novembertag (das ist ein Schreibmaschinen-

satz). Bäume sein lassen. Und dann mag ich die Hauptsätze nicht so, weil sie die Großen sind. Wie wär das, wenn sich das Fensterhinausschaun industrialisieren ließe. Eine Plakatwand im gegenüberliegenden Gelände anbringen. Und jenseits der Schreibmaschine kam ihm der Gedanke, ob er nun hierhergehört oder nicht, daß angesehene Künstler in der Leere ihrer Ateliers mit ausgewählten Dingen und Problemen ihre Choreografien zur Aufführung brächten, während in seinem Kopf alles herumhing, und der schlimme Polyp nicht umzubringen war, der das hineinstopfte. – Nachdem er kalt geduscht hatte und mit noch nassem Haar am Tisch saß – der alte Fön war schon seit längerem kaputt – trat wieder Schweiß auf die Stirn und die warmheißen Badegedanken aus der vollen Wanne boten sich wieder an: je mehr sich der Mensch auf die eigenen Beine stellt, desto mehr verliert Christus an Gott. Sobald aber der Schweiß ausblieb, zerrte er umständlich die Erinnerung heran (schreibt diesen Satz, weil sie nicht kommt, jetzt?), Gedanken, die unter der kalten Brause wie Eier in Wasserglas gelegt wurden. Das Trommelfell schmerzte, als sei es das Pergamentpapier, das über das Einweckgefäß gestrafft wird und das ein roter Gummi um die Öffnung spannt, das Eingemachte luftdicht zu halten. So kalt war die Dusche, daß die noch überhitzte Blase gleich unter der Bauchdecke wegen der jetzigen einseitigen Kontraktion schmerzte. Aber der zweite Gedanke ist nicht herauszuholen.
Die für die Beibehaltung der Haube plädierenden Krankenschwestern argumentieren, daß frei herumflatternde Haare nicht nur unhygienisch seien, sondern auch in Wunden fallen könnten. Mein Kopf ist punch drunk, leichterer Gehirnschaden, der sich in einer gewissen Verdickung der Sprache zeigt, in unsicherem, unstetem Gang. Daß ich als 17jähriger keine Schäden erkennen ließ, heißt nicht, daß ich heute nicht zu leiden habe. Aber die geöffnete Wolkendecke über den Alpen über

unserer braunen Hecke, läßt mich hoffen, daß Andi, der jetzt mit Judit und 2 Fotokarten zum Briefkasten gegangen ist – Moment mal! du hast vergessen, in welcher Erzählung du bist. Stehen geblieben also: daß bei einem Blick zu den Alpen die Welt anständig dastand wie die Schweiz und bei einem anderen so saumäßig darniederlag wie Brasilien. Jetzt also sind auch die Wolken locker überm Grundstück des Nachbarn über der Straße, der einen Wein-Sekt-Spirituosen-Großhandel hat, auch hat er einen Magnolienbaum, neben dem 2 Leute Federball spielen, wenn er im Mai und länger blüht. Brummt ein Lastauto in seiner Einfahrt, sagt Andi: Der kommt zu mir, die Erde aufladen. Denn Andi hebt im Weg ein Loch aus, kommt öfters zu mir herein, damit ich die Tiefe messe. Wo also das Grau von dem blendenden weißen Himmel abgerissen ist und eine Taube mit Rückenwind durch die Weißerei flitzt, denk ich, daß Andi doch einmal von hier weggeht, über Whiskyhandel in den Slums von Boston, einer eigenen Bank, der Ehelichung der Tochter des Bostoner Bürgermeisters, der Leitung einer Marinewerft, den erfolgreichsten Börsenmann der New Yorker Wallstreet, der finanziellen Unterstützung einer der großen Parteien zum Botschafter von London oder Paris ernannt wird, und seinem politischen Erben die Voraussetzung schafft, zum Präsidenten der Vereinigten Staaten gewählt zu werden, Andi also, der jetzt mit seiner kleinen Planierraupe auf sein Kieshäufchen fährt. Wenn er mir dann schreibt, daß er sich für den Präsidenten der USA, zu dessen sozialer Kontrolle der Börsenpolitik entschloß, sie als Vorsitzender einer Aufsichtsratskommission förderte, wird das eine gute Post sein für seinen 70jährigen Freund in Deutschland, der vorzeitig in Pension gehen mußte, weil die Erziehung der Schulkinder zu einer Beschädigung von Teilen des Kleinhirns führte, die Gleichgewichts- und Bewegungsfunktionen koordinieren, so daß er zur offenen Küchentür gehend statt anstandslos hindurchkommend mit der

vollen rechten Schulter an den Türstock prallte und sich vor Schmerzen krümmte, wie gesagt, gekrümmt haben wird (ah jetzt weiß ich es, die Maschine vergessen habend und gaffend aus dem Fenster, wie meine Sprache sei, ach ich finde den Vergleich schon wieder langweilig). Und in diesem Schmerz vergessen haben wird, daß die Schwesternhaube von vielen Helferinnen der Ärzte als unmodern und störend bezeichnet worden sein wird, zahlreiche modebewußte Schwestern ihre Hauben schon weitgehend auf den Hinterkopf verdrängt haben werden und damit innerhalb der Schwesternschaft eine heftige Diskussion um das Für und Wider der weißen Kopfbedeckung ausgelöst haben werden, bis schließlich die Gesundheitsbehörden dem Vorschlag der Obenohnehaubenverfechterinnen zugestimmt und die Häubchen wohl genehmigt und dem Ergebnis der Wahl sich anstandslos gebeugt haben wird.
Für heute nachmittag aber (seine Gedanken bewegten sich schon wieder in eine andere Richtung) war ihm nur etwas dusselig im Kopf von einer stürmischen Nacht, in der vielfach Äste abgerissen und auf Fahrbahnen geworfen worden waren, auch an Dächern Schäden entstanden und im Voralpenraum Schnee und Regenschauer niedergingen, und einem anstrengenden Unterrichtsvormittag der an Originellem in der Schneefreude der Kinder über den bereits wieder geschmolzenen morgendlichen 2-Zentimeter-Belag nur ein Mädchen hervorbringen ließ: Ich hab vom letzten Jahr noch einen Schneeball eingefroren. Er hatte aber eine heimliche Angst, vielleicht diesen Schneeball morgen anschauen zu müssen. Dann griff er zu einer Mandarine, sie neben seinem Blatt Papier schälend, um den faden Geschmack im Mund zu vertreiben. Manchmal gab es einen noch so unverdorbenen Jungen, der es wagte, ihn auf diesen Mundgeruch aufmerksam zu machen. – Er war also auch froh, daß auf seine Veranlassung Andi nicht mehr in den Kindergarten zu gehen brauchte, denn, so

erklärte er der Mutter im Haus unter ihm, die von der Hausarbeit und auswärtigen Putzarbeiten flinke aber auch herrschsüchtige Hände und Unterarme hatte – die muß derb arbeiten, dachte er einmal, leidet aber nicht an dem Rechtfertigungsmangel wie ich – die Kindereien der Kindergärten würden ihren Andi nur aggressiv machen, weil er einen Instinkt gegen diese Blödigkeiten habe, diese Liedsümpfe und Bravmannunterhaltungen, dieses dumme Antiseichgeplapper, er, der das Bedürfnis habe, dies und jenes mit seiner Wenigkeit zu bewässern und durchaus mal sehen müsse, wie seine Lachen zu diesen und jenen Gegenständen stünden, einmal eine von Urin getränkte tropfende Wollhaube hochhalten müsse, oder die Stiefel ausziehen und hineinhalten, in Socken daneben stehen, auch wenn es kalt ist, muß einem aufgeweckten Jungen schon einmal erlaubt sein, und er dürfe darob nicht verprügelt werden, was die Frau schon verstehen wollte, weil er ein Lehrer war, der das sagte, Andi also im Kindergarten bleibenden Schaden erleide, sich mit dem Alter potenzierenden, sein Lerneifer abstumpfe, der sich ja nicht nur aufs Erlernen abgemachter Formeln erschöpfen könne (Er erwacht um sieben Uhr und steht sogleich auf. Er hat eine hohe Stirn, ein gutes Herz. Er hütet sich vor dem Alkohol. Er raucht im Kino nicht. Er quält die Tiere nicht. Er bringt seinem Herrn den Hut. Er vergilt nicht Böses mit Bösem.), bei ihm nicht, sondern und gerade bei ihm, sich aufs Erproben neuer Formen erstrecken müsse, und wenn auch mal was daneben ginge (Er spricht mit vollem Munde.), wie neulich die Beule im Auto, weil er doch nicht wissen könne, daß der R 4 so eine schwächliche Karosserie habe usw. (das ist die eine Seite Trockenheit und bedächtige Bewegung, Auto-Schrott und geil die andre). Er fand es auch unverantwortlich, was seine Kollegen an jahreszeitlich bedingtem Plunder malen, ausschneiden und an die Fenster kleben ließen an Palmkätzchen, Faschingsnasen und Herbstblätter, wenn er auch selber nicht recht wußte, wie er dem anlaufenden Weihnachstzauber entgehen sollte, er ließ lediglich die Tauwetterchristlichkeit an sich wie Faschingstreiben vorüber. Aber, dachte er schon wieder, warum nicht vor einem saftigen Huhnfuß sein und mehr Knödeln als sonst mit zerteilendem Messer ins Brotbröckcheninnere dringen, daß die geteilten Flächen dampfen. Aber da er jetzt schrieb, war er selber unsicher in Bezug auf den schon fest beschlossenen Erwerb eines schwarzen englischen urbanen Mantels, unsicher auch, weil ihn seine Mutter drängte, den Mantel kaufen zu dürfen, da sein Geburtstag nahte, und er erwog, ob ihm ein Kamelhaarmantel nicht wegen der blonden Farbe besser gefiele oder gar so ein teurer lavendelblauverwaschener schlampiger und langer Kaschmirmantel. Andis Mutter hatte für ihren Sohn einen herzigen Lumberjack gemacht. Andi würde wohl einer werden, der sich nicht rührte, wenn auf die Frage wieviel ist 6 × 7 die Hände in die Höhe flögen, es aber wüßte, wenn man ihn fragte, er trocken 42 sagte, und man ihn fragen müßte, warum er dann nicht den Finger höbe. Vielleicht bekäme er ihn nächstes Jahr in seinen Unterricht, wenn man ihm wieder eine erste Klasse gäbe, daß er sich wieder in die tierwarmen Köpfe buchstabiere h ha und hineinzähle mit seinen 10 kurzen Fingern, Vorstellungen allerdings, die sich im Unterrichtskuddelmuddel usw. Im milder werdenden Nachmittagslicht stellte er sich die Frau in der Wohnung unter der seinen vor, daß sie vielleicht unmittelbar vor einer Tasse Kaffee auf der Kautsch liege mit schweren und weichen und warmen Schenkeln und Waden und Beinen – ihr Mann war ja ein Schatten und selten zuhause. Sie würde auch wieder zu ihm in die Wohnung kommen, denn als er das Lämpchen auf seinem Tisch anknipsen wollte, und der Stecker nicht in der Dose war, gewahrte er eigentlich erst, daß er auf dem Tisch auf einer Bügeldecke schrieb und sein Arm auf ungebügelter Wäsche, 2 Hemden von ihm, weich auflag, käme,

diese Wäsche fertig zu bügeln und mit neuer zu beginnen.
(Tau) Er fragte sich, warum kein Stoff seines Unterrichts – da mußte er abbrechen, da Andi mit halbhochgezogener Hose im Zimmer stand und ihn bat, seine Ausscheidungen im Klo anzusehen, was er tat und in Ordnung befand, und Andi bat, im Zimmer bleiben zu dürfen, er würde im Bett bleiben, wo er dann eine Sekunde saß und herübersah, dann schon bei ihm stand und fragte, wie lang er schreibe und ob er dann mit ihm hinunterkomme und ob das, was er schreibe, alle Leute lesen würden, auch die von Afrika und ob die dann alle zu ihm und zu Andi, zu uns, sagte er, kämen, sagte: Das Marl (die Mär) hat ein End und ein rotes Kitterl an, damits besser stutzerln (kindlich laufen) kann, was er wiederholte und nicht allein hinuntergehen wollte, daß er ihn bei der Hand nahm und zu seiner Mutter führte, wo ihn das Getümmel noch weiterer Kinder in Empfang nahm, er für sie dichtete: Hänschen groß macht in die Hos, Mutter fein machts wieder rein, und ein kräftiges Abendbrot zu sich nahm, danach gleich wieder zu sich hinaufging, um an dem eingängigen Gedanken dieses Abschnitts weiter zu machen – wie Kreditkarten, Bar- oder Verrechnungsschecks, Wechsel, Frachtbriefe, Spar- und Girokonto, Aktien, Investment-Zertifikate und dergleichen in seine schriftstellerische Arbeit eingìng. Vielleicht, weil ihm ein derzeitiges amerikanisches Raumfahrtunternehmen ein willkommener Anlaß war, morgen in der Schule klarzulegen, daß nur ein Teil der beim Stoß übertragenen Energie in schnellere Bewegung, ein anderer, geringerer Teil aber in Masse umgesetzt wird, der aber bei umso größerer Geschwindigkeit desto größer würde, und desto kleiner jener Teil, der in größere Geschwindigkeit umgesetzt wird, bei Annäherung der Lichtgeschwindigkeit fast die ganze Energie verbraucht wird, den Körper schwerer zu machen, daß also ein Raum-Schiff, konzentrierte man die gesamte zur

Verfügung stehende Energie in einen einzigen ungeheuren Stoß, so schwer würde wie ein Gebirge, sich aber um keinen Deut schneller als das Licht bewegte, und es also da keine Frage, keine Widerrede aus den Reihen der Kinder gäbe, denn so ist nun einmal das Weltall beschaffen, man ja auch ein Leben lang reisen könne, ohne sich je weiter als 20 000 Kilometer von einem Ort entfernen zu können, daß der nächste Fixstern 4,3 Lichtjahre entfernt sei, ein Raumschiff in frühestens 8,6 Lichtjahren zurück sein könne, von einem etwas entfernteren in wenigstens 200, vom anderen Ende unserer Milchstraße erst in etwa 150 000 und, um eine der näheren Milchstraßen zu erreichen, mindestens 5 Millionen Lichtjahre benötigen würden, und man außerdem den Verbrauch der Energie nicht aufhalten könne, die Erschöpfung des Weltalls nach einigen Milliarden Jahren, da alle Dinge ein Ende haben: wir, die Erde, die Sonne, das ganze Universum, und diese Tatsache nicht zu umgehen sei, und der Maikäfer, würde er denken, an den die Kinder während seiner Ausführungen längst gedacht haben würden, er aber nicht vorzeitig abbrechen konnte, weil es ihm so ein Bedürfnis war, derartig von den Dingen zu reden, wenn auch die Kinder nichts verstanden hätten, weil es ihm halt gar nicht so liegt, etwa den Beruf des Medizin-Ingenieurs zu empfehlen, daß er es angesichts Zehnjähriger dennoch tat, zeugt von seiner miserablen pädagogischen Qualität. Er mußte einer Versetzung gewärtig sein, da wohl die Schulbehörde mit seinen Leistungen nicht zufrieden sein mochte, da sie ihm eine seit 2 Jahren fällige Beförderung versagte, was er wohl seinen Kollegen verdanken mußte, denn er entsprach keineswegs ihrem Bedürfnis nach kollegialer Zusammenkunft und Heuchelei, wenn er schrieb, widerte ihn sogar jeder Gedanke an sie, wie dieser, an. Dieses Verhältnis also mit Andis Mutter oder Ähnliches mochte woanders ein Ende oder einen Fortgang haben. Die Mutter hatte sowieso was so Borniertes, als er einmal statt Vlieselin

Fuselin sagte, lachte sie, er war gereizt und entgegnete, wenn es Fuselin hieße und ich hätte Vlieselin gesagt, hättest du auch gelacht. Jetzt, da ihre Kinder zu Bett gegangen waren, hörte er durch den Fußboden Andi nach ihm rufen. Diese Hartnäckigkeit des Kindergeschreis hing ihm wahrscheinlich auch in den Abschlußverfahren seiner Abschnitte nach, daß es ihm so schwer fiel, ein Ende zu finden. Wenn das rasche verwüstende leicht verwischbare Schlagergefühl schon längst verflogen war, als sei die Welt schön und hielte einen mit ihrer Schönheit, da saß er, zum Narren, Schlageremfase! Diesen Augenblick würde er zwar nur so eingeatmet haben, im nächsten aber den Geruch seines Ärmels, weil er den Arm schon hochhob. Ände! Es kamen ihm noch Wörter wie Haustrampel und Arbeitstier, oh ja, es war schon oft sehr schlimm mit ihm. Wenn die Mutter des Buben in einem anderen Zimmer unter ihm noch nähte, hörte er die Nähmaschine, und wenn er, sie nicht mehr zu hören, das Radio einschaltete, wußte er durch Störgeräusche im Radio, wann sie die elektrische Maschine anließ und wann sie den Fuß wieder vom Pedal nahm. Und die im Radio verlangen, Aristoteles auch als den größten Biologen des Altertums zu würdigen, und erzählen, daß die Römer schon Reißaus nahmen, wenn bei der Belagerung von Syrakus nur ein Strick über die Mauer geworfen wurde, weil sie glaubten, Archimedes habe wieder so eine unwahrscheinliche Maschine erfunden, die sie verderben könne, aber sie waren in der Übermacht und der Wundermann kam bei der Eroberung um.
Und somit wieder auf seine schriftstellerische Tätigkeit zurückgeworfen, sagte er sich, wenn er schon unfähig sei, die Macht des Löwengebrülls weiter zu verfolgen, müsse er doch aus der begonnenen Arbeit einen Gewinn für seine Schulpraxis ziehen können. Wie aber, da er kein Freund von Bonifatius war und nichts gegen germanische Totenfeiern hatte und dem Wahrsagen aus dem Wolkenzug und nichts gegen den Wald und es

schlimm fand, das Essen von Pferdefleisch zu bestrafen, kurz, der zu oft gewalttätig ausgeübten Christianisierung ablehnend gegenüberstand – welch ein Jammer in seinen Religionsstunden, da ließ er einfach aus den erlaubten Büchern vorlesen – und sosehr den allmählichen Kirchenzerfall bejahte. Denn, das war einer seiner Grundsätze, die Wahrheit sei in keinem Schwert, keinem Dekret, keinem Amt, ja keiner Literatur und keiner Gestalt. Wie man sieht, waren seine literarischen Schnitzer nicht weniger dämlich als seine pädagogischen. Und selbst wenn er zur Darstellung gebracht hätte, daß ein Mann im Krankenstuhl eben ein langsames Dahinrollen ist und ein lesender Bub gestotterte Wörter und er als übler Lehrer für die Gesellschaft ein Ausfall und Zerstörungskeim zu werden drohte, ein Mensch, der sich auf die Lippen biß, Geld verschleudernd, das er nicht verdient hatte, der in seinem Zimmer saß und eigentlich gar nicht wußte, was er dachte, war er nicht einfach dumm wie van Gogh, der an der Rhône in der Nacht mit Kerzen auf dem Hut die Sterne malte, wenn er hier dergleichen schrieb?

Dann fiel ihm nichts mehr ein. Was sollte er da sagen. Da mußte er einen Schnaps trinken, aus einem alten geschliffenen Gläschen, das er auf einem Speicher gefunden hatte (ex), da mußte er sich wundern, daß er das Glas sauber gekriegt hatte. Da hatte er den Klang noch im Ohr, den das Glas beim Aufsetzen auf die hölzerne Tischplatte verursacht hatte. So ein langer Satz konnte den kurzen Klang nicht wiedergeben. Auch wußte er als Lehrer, der auch im Fach Musik unterrichtete, daß das kein Klang sondern ein Geräusch gewesen war, aber was redete er noch von diesem kleinen Geräusch, das längst im Gerassel der Schreibmaschine untergegangen war. Dann saß er da, es war still, und kein Gedanke kam, obwohl viele auf der Lauer lagen, als wüßten sie, als hätten sie Angst gehabt, jetzt geschrieben zu werden. –

Da er jetzt nicht am Meer war, wußte er nicht, wohin er sollte. Am Meer stehend hätte er sich gewünscht, ins Landesinnere zu laufen. Vom Schlaf z. B. konnte er nicht schreiben. Er konnte ja gehen, wenn er mochte, und ging trotzdem nicht. Er schrieb, das tat er, auch jetzt noch, dazwischen hatte sich die elektrische Uhr aufgezogen. Wenn einer im Dunkel in diesem Zimmer läge zum Schlafen und das kurze burrende Geräusch hörte und eine elektrische Uhr nicht kennte, was sich der dächte? Der hätte vielleicht Angst. Da müßte er sich aber auslachen. Lachte er zu laut, müßte er sich närrisch vorkommen, lachte er leise, müßte er sich schmierig finden, dürfte er als schmieriger Kerl überhaupt Angst gehabt haben? Ich will jetzt einmal vorschreiben, wer Angst haben darf. Das wußte er nicht. Sollte er aufschreiben, was er wußte? Da wär er gleich am Ende gewesen. Ich schreibe also, was ich nicht weiß. Oder sollte er Namen aufzählen? Da bedrängten ihn gleich Namen von Kollegen, er wollte doch niemands Kollege sein. Das war also nicht das Ende des Textes. Ein Text ist keine Zitrone. Wieso eine Zitrone? Ein Text ist kein grüner Kugelschreiber, wieso Kugelschreiber. Oder: Ein Text ist kein aufgeschlagenes Buch (sic!). Ein Text ist nicht Der Spiegel, ja das stimmte. Was er nicht schreiben wollte, wußte er jetzt auch nicht. Da war er erschrokken: er hatte kurz hochgeschaut und wieder nieder, und da die Schnapsflasche so nah bei ihm stand, hatte er gedacht, etwas sei durch das Zimmer gegeistert, weil die Schnapsflasche so nah bei ihm stand, daß er in seiner Unachtsamkeit den hellen Korken auf der Flasche ganz vergessen habend eigenständig als etwas anderes sich im Zimmer bewegend gemeint hatte. Hätte er die Formulierung nicht so hingebracht, hätte er dazwischengeschoben: das stimmt ja nicht mehr. Wie stehts mit Livorno? Schlecht. Der Stand der Dinge. Mein Lieber, dazwischen hatte er aber einiges gedacht. Von wie stehts um Livorno kommt man nicht so einfach zum Stand der Dinge. Aber er hatte sich nichts vorgenommen, geschweige eine Aufgabe gestellt, warum sollte er sich jetzt also ärgern? Da hörte er jemand husten. Nicht, um ihn zu verarschen, der wußte nämlich gar nicht um ihn, der hustete, weil er erkältet war, aber jetzt war ja schon dieses Sätzchen zerstört. Es ist besser, ich decke jetzt die Kleine zu, die da gehustet hat. Er hatte es getan und sich bäuchlings auf die Kautsch der Wirtin gelegt und gemeint, für heute sei Ruh in ihm.

Er sich genießerisch über den weichen Schurrbart gefahren hatte und auf die weiche Lippe gekommen war und schon in Traum und Rausch und sachter Steigung an die Wirtin gedacht hatte und ein Marmorkuchen dazugekommen war (denn immer wieder sehnte er sich nach dem Geruch ihres Kuchens) und sie in schwarzen Strümpfen (vor allem um die Schenkel empfand er sie in schwarzen Strümpfen geil) den Kuchen auf den Tisch gesetzt hatte (er lag auf der Kautsch und konnte schräg an ihr hochsehen), den sie, er war aufgestanden, angeschnitten hatte, der breit füllig beim Backen über die Kastenform gelaufen war, und der nun im Querschnitt in der weißen Fülle innen eine dunkelbraune Kakaofüllung gehabt hatte, die auf einen runden Grundriß vermuten, schließen ließ, ganz rund war ja ihr Geschlecht auch nicht, und wenn er einige Zeit dran gewesen und Schleim und Verzögerung es hatten auseinandergehen lassen und die weißen warmen Rundungen um den Hintern benetzt waren, die kleinen nie alternden Halt! Verrat an der Wahrheit! Ja du Scheißkerl formulier es nur zu Ende, das Bettzeug also beinah (feige, schüchtern) aus dem Bettkasten zu fallen gekommen war, um auf dem Kuchen zurückzukommen, der viel immenser verkrustet gewesen war als die kleine Kruste auf seiner Lippe, die er vom häufigen Belecken des Klebeaufstrichs von Kuverts plötzlich in Gestalt eines Bläschens bekommen hatte und dann auf der Oberlippe so was Unangenehmes gesessen war, dachte er jetzt, aufgestanden, vorm langen

Spiegel, ein Barthaar zupfend (einmal hast du ein gutes Kapitel geschrieben), die Falten von seinen äußeren Augenwinkeln in die Wangen betrachtend (das Alter würde ihm keine guten Kapitel bescheren). War er am Tisch gesessen, die Wirtin auf der Kautsch gelegen und er hatte ihr ein schwarzes Fell, das er ihr gekauft hatte, sie hatte es manchmal mit den Nieren, auf die Hüfte gelegt (ihre Beine und ihr Unterleib waren ein großer Teil von ihr und nicht der übelste) und sie hatte geschlafen (er hatte hinübergesehen) und die Atemzüge hatten leicht das Fell bewegt, von einem Island-Schaf mit dichter Unterwolle. War die Sonne gewandert und hatte ein Haarbüschel weiß aufsprühen lassen (das Fell hatte auch eine natürlich weiße Strähne, aber das nur nebenbei), und Rita, die zweitjüngste Tochter, hatte auf das Fell vom Garten rein kommend ihren roten Pullover und die grüne Wollhaube gelegt, weil sie aufs Klo mußte, und das Fell jetzt ausgesehen hatte, als wär es in der Pinakotek und ein Produkt von Rubens oder ein Stück aus dem Kompendium des Tiermalers Hondecoeter aus Inner-Afrika, oder doch, da die kleinen Füße der Wirtin (sie war aus den Schuhen geschlüpft und hatte die schwarzen Seidenstrümpfe getragen) aus dem Fell spitzten wie von Boucher, der Mädchengesichter malt, als wären diese Gesichter schon mehrmals von einem riesenpenissigen Zwerg besprungen worden, der natürlich in seiner dummen Erregung keinen Einlaß gefunden hat und alles zervögelt hat, das ganze Gesicht, daß die bläulichen Augenäpfel quollen, die des Mädchens versteht sich. Dann war das Fell nur noch auf der Höhe des Hinterns beleuchtet gewesen, wo die Wolle auseinandergefallen war und wie gescheitelt wie Haupt-Haar und gedacht hatte, was bloß? Er hatte die Hand auf Stirn und Nase und über den geschlossenen Augen am Tisch sitzend nachgedacht, was es dächte. Das Fellstück in der Sonne war belegt gewesen von einem Rot wie es in Schlaf-Nächten ins Sehloch schimmert, rot wie die Fingerkuppe auf einer

Taschenlampenbirne. Judit schlief jetzt, da er noch im Zimmer seiner Wirtin sich aufhielt und nachdachte, wie immer in ihrem Bettchen auf einem weißen Schaffell.
Er saß an den Winterabenden oft mit der Wirtin und ihren Kindern bei Tisch. Andi fragte etwas bezüglich des Geschlechtverkehrs, wenn dem Mann der Samen käme und die Frau aber dann wegliefe, was dann wär. Rut, die älteste von den 4 Kleinen, hatte ein blaues Auge, weil ihr die Kleinste die Kartoffelpresse hinaufgeschlagen hatte, die zur Zeit dergleichen ausprobierte. Und dann war einmal die 15 oder 16jährige Tochter dagestanden, die die Wirtin mit 15 gehabt haben mußte. Die Tochter hatte weißlich blondes Haar und ein rosiges strenges Gesicht. Er hatte dann oft einen Kopf beisammen, als hätte er sich die Haare 16 Wochen lang nicht schneiden lassen, dazu die Haarwäsche vernachlässigt, daß die Haarspitzen die Ohren stichelten und der Haarboden in der feuchten Wärme, die aus der überhitzten Küche kam, ungebührlich juckte, dazu hatte er damals einen jungen Katarr in der Nase gehabt, der mit Grannenfüßen in die Stirnhöhle hochkletterte, das Mädchen aufrecht und sehr groß dagestanden war, und er hinter seinem Teller mit Sauerkraut, Blutwürsten und Kartoffeln, alles dampfend, gesessen war, niesen hatte müssen, eine Gabel weggeflogen war, das Mädchen in hellen Seidenstrümpfen, einen kurzen schwarzen, der Breite nach drei oder viermal mit einem schmalen Band gesteppten Kunstpelzmantel soeben eingetreten der Mutter klargemacht hatte, daß sie die teuren Temperafarben nicht kaufen werde, wie es die Kunsterzieherin verlangte, und die Mutter beschwichtigend, sich bereit erklärend, die 6 Mark aufzubringen, denn dem Verbleib der Tochter auf der Höheren Schule hatte sie ganz andere Opfer gebracht, davon zu schweigen, daß sie es ertrug, wenn sie von einem Fysikprofessor zusammengestaucht worden war, weil sie beim Schrubben – vielleicht hatte sie, wer weiß, ihre Hände im Geiste irgendwo an ihrem

Volksschullehrer jetzt bei der Arbeit – einen Stecker aus der Büchse gezogen haben mußte und anderntags eine Batterie für den Unterricht nicht aufgeladen war, war es ihre Sorge, daß ihr Fehler die Note der Tochter nicht beeinträchtigen möge. Nach diesem kurzen Anblick ihrer Tochter, träumte er in der folgenden Nacht unvermittelt von einer jüngeren Frau, mit der er sich gerade noch in einer Gesellschaft befand, deren letzte Mitglieder er eben zwischen noch sonnenbeschienenen Häuserwinkeln verschwinden sah, vor einem weiten rechteckigen Bassin zu stehen, das eine helle Marmorwulstumrandung von Bernini umlief, aufgewühltes Wasser unter aufgewühltem dunklem Himmel, er, sie standen bereits zueinandergewandt, nach einem flüchtigen Kuß auf die Wange sie geradezu übertölpeln wollte, sie ihn mit sachter Geste abwehrte, seine amorfe Brunst zu Kristall erstarrte und er im seltenen Gefühl der Reinheit in das alltägliche Gefühl des Verzichts erwachte. Er hatte das Gesicht der Tochter der Wirtin willkürlich mit dem des Stefan verglichen, nur daß sie keines Steins gewärtig sein mußte, selbst wenn er vom Tisch aus einen geworfen hätte. Einmal war diese Tochter vom Keller heraufgekommen, wo sie die Heizung bedient hatte, und beim Niederkauern zur Entleerung der Asche mußte durch die Anspannung der Hose und die Verdickung des Oberschenkels die Baumwollhose geplatzt sein, jedenfalls sah er durch einen langen Schlitz den hellen Oberschenkel. Und neulich hatte er von der Mutter von einem Techtelmechtel der Tochter mit einem Fleischerlehrling erfahren, daß sie im Bett des Lehrlings im Lehrlingszimmer übernachtet haben soll, was die beiden Lehrlinge bezeugten, daß nämlich die beiden es die ganze Nacht getrieben haben sollen, am Morgen der Meister ihnen die Bettdecke weggerissen haben soll und sie nackt dagelegen seien, was er sofort dem Jugendamt gemeldet und dorthin auch gleich die Papiere des Lehrlings geschickt, der unverzüglich entlassen in derartiger

Klemme, da er schon zweimal aus einer Lehre geflogen, wie seine Eltern der Mutter des Mädchens nahebrachten, nun von jeglichem Handwerksberuf abgeschnitten, sein Leben lang ein Hilfsarbeiter und Depp zu sein habe, wenn nicht durch eine Wendung, durch ein Bekenntnis des Mädchens, daß sie ihn in die Liebschaft und den Saustall gezogen, der Metzgermeister umgestimmt werden könne. Aber es war ja schon die Fürsorgerin aufgetaucht bei den Lehrlingen und hatte ihre Fäden gesponnen, anderen Jugendlichen das Beispiel verderbter Altersgenossen abzufangen vielleicht mittels Internierung des Üblen, da die Gefahr der Verwahrlosung feststehe. Aber die Eltern des Jungen baten die Mutter der Tochter vergeblich, er konnte die 3 Monate, die er noch gebraucht hätte bis zum Abschluß seiner Lehre, nicht bleiben. Denn selbst wenn sich die Tochter nicht verteidigt hätte, daß sie mit dem Jungen am Abend nur eine Zeitschrift angesehen und beim Weggehen die Haustüre verschlossen vorgefunden hätte, den Lehrlingen kein Schlüssel zur Verfügung stand, so daß sie notgedrungen übernachten hatte müssen, worauf niemand eingehen wollte, und erst wieder unterm Arm des Meisters hätte entwischen können, als dieser die Haustüre aufgesperrt hatte und in den Flur kam, aber wie? Oder sie gar angezogen und sittsam auf einem Stuhl schlafend angetroffen hätte, sie besonderer durchtriebener Raffinesse bezichtigt und als Bordellbedienstete beschuldigt hätte, so aber habe es ihm angesichts meiner Schönheit die Stimme verschlagen, wie sie gesagt hatte, und er nach flüchtigster Aufnahme des Tatbestands verschwand, daß sie ihn perverser Fantasie bezichtigen zu können glaubte, zumal der eine Lehrling verblödet war und der andere wirklich geschlafen hatte. Also selbst wenn die Tochter nicht so selbstbewußt um sich geschlagen hätte, daß ein einsichtiger und zugleich lüsterner Beobachter der Angelegenheit annehmen mußte, würde er dieser Person auf den Leim und den Busen gehen, würde in ihm der Zerstörungstrieb zum Selbsterhaltungstrieb werden, ja, ein Leben sei für ihn nur möglich, wenn er dieses perfekte Mädchen auf bestialische Weise abschlachtete, denn ein Versuch mit Tabletten würde ihn unbefriedigt lassen und ihm ein schlechtes Gewissen erzeugen und ihm die Freude an anderen lieben unvollkommenen Mädchen, Halbidiotinnen – ja wenn also so etwas wie Schuld vorhanden gewesen wäre, selbst wenn sie eine verbale Schuld auf sich genommen hätte, hätte das ihre Mutter nie zugelassen, sie hätte man, sie zum Schweigen zu bringen, mit Füßen treten müssen und sie hätte nicht geschwiegen, daß man sie vollends zertreten hätte müssen, denn unter keinen Umständen hätte sie den Verbleib ihrer älteren Tochter auf der Schule gefährdet sehen wollen, wie er bis zum Verzweifeln schon war, und wenn sich der Junge und seine Eltern in Rotz und Wasser aufgelöst hätten, wäre da nichts zu machen gewesen. Wie ein melodiöser Bach war bei dieser Angelegenheit der stellvertretende Direktor des Gymnasiums, der die reife Gelegenheit erkannte, jetzt seiner Schülerin so zottelige Fellstiefel kaufen zu dürfen und weiter, schuldisziplinarisches Übel von ihr abzuhalten. Dem Volksschullehrer, der sich diesen Abend immer noch allein im Wohnzimmer der Wirtin befand, war für den so traurigen Vorfall das Einfühlungsvermögen ausgegangen, daß er ihn gern seiner schriftstellerischen Begabung überließ. Aber eigentlich hatte er ja etwas anderes mit ihr vor, der Begabung.

Da saß er immer noch am Tisch seiner Wirtin, um den Hals das violette Tüchlein mit schwarzem und neapelgelbem Aufdruck, das sie ihm um den Hals gelegt hatte, als er mit der Schnapsflasche eingetreten war und das Gläschen auf den Tisch gestellt hatte einzuschenken, erst einmal einen zu heben gegen die Erkältung, denn er hatte die Grippe im Kopf, und die Wirtin hustete, es würde schon auch bei ihr helfen, Schnaps zu trinken, klaren Obstler. Er hatte eben einen Schluck aus der Flasche genommen und aus dem Fenster geblickt, es schneite, und er mußte sich vorstellen, wie er morgen Flocken in schwarze Autoreifen fallen sehen müßte (oh diese Detailakribie!), die auf dem Hof herumlagen. Und auch dieser Schluck Schnaps wirkte, in seinem Kopf stand ein italienischer Pinienwald, durch den eine Straße führte, auf der ein Auto fuhr, dessen Scheinwerfer keusch die Dunkelheit auseinandernahm, Unrat auf dem Waldboden aufleuchten ließ, als sei aus dem Rock ein Straps gefallen (aber er hatte nicht wahllos an der Wirtin herumgegriffen und in ihrer Wäsche gewühlt, nichts kaputt, nichts aufgemacht), vielmehr eine Walddunkelheit war das, in die seinen Körper (im Kopf) zu legen, er doch sich scheute, denn zu gewiß war es ihm, daß dort Marasmus wie Agonie aus ihm gewichen wären, denn alles los zu haben, was so zahlreich ist wie der Sand am Meer, an dem sich der Wald hinstreckte? Er sah sich eine Hand voll aufheben und wissen: jetzt hast du die Revolutionäre in der Hand, und was es an Konservativen gibt, ist zahlreich wie der liegen gebliebene Sand von Neapel bis Genua. Aber auch die Meereswellen kamen herüber, und er verband sie mit dem Grinsen der Konservativen, vor sich kleinliches Treibgut herschiebend, aber großtuend, als seien dies die letzten Splisse eines Wracks, als hätten sie auf hoher See das Schlachtschiff der Arbeitgeber zerspellt, so sah er das Grinsen eines Helmut Schmidt oder Franz Josef Strauß auf die Sandkissen fließen, er konnte doch nicht in diese seichten Wellen schießen, da war er ein verlegen schmunzelnder Revolutionär. Immerhin hatte er bereits den rechten nackten Unterarm der Wirtin berührt, der so freizeitlich das Gläschen hob, als ihr Mann in das Zimmer einbrach mit einem blonden Flügel am Arm, von der Sorte, die vor jedem Dreck den Rock hochhebt und hinhält. Nun, er war der Herr Lehrer geblieben, der gar nicht verstand, was sich abspielte, als die Wirtin nach kurzem Verhoffen der beiden Parteien und dem Verlangen ihres Mannes, ihm und der Rosalie was aufzutragen, aufschrie und sich auf die Rosalie warf, die in ihrem beschneiten und tropfenden Mantel nachgab und stumm wie Stroh blieb, und dem Mann eins mit dem Ellbogen in den Hals versetzt hatte, daß es ihm für heute vergehen hätte müssen zu bleiben, und er ging tatsächlich, und der Herr Lehrer hatte die liegen gebliebenen nassen Handschuhe dieser Rosalie aufgelesen und zum Trocknen auf die Dampfheizung gelegt. Nein. Das Licht im Zimmer tat ihm jetzt weh. Obwohl die Wirtin das Wohnzimmer so schön aufgeräumt hatte, sah er unter dem Schrank einen losen Puppenarm liegen. Da er wußte, daß draußen Schnee lag, hatte er Durst. Die Vorstellung von Kälte schloß ihn zusammen. Die Sätze aber, hätte seine Fantasie die Kraft gehabt, die Wirtin aus dem Schlafzimmer zu holen und den plötzlich auftauchenden Mann aus dem Fenster zu begleiten, als die nackte Wirtin dagelegen war wie eine Gans mit gebrochenem Rückgrat, die ein Auto zusammengestoßen hat, wären nicht soviel gewesen wie ein Schal um den Hals.

Das Haus in dem sie mit noch anderen Leuten wohnten, hatte auf der Außenwand im Parterre Zerfallserscheinungen, als sei eine Viehstallung untergebracht, der Verputz war aufgeworfen und fleckenweise abgefallen, daß man das von der Feuchtigkeit sämig gemachte Ziegelwerk sah. Er saß immer noch im Zimmer, das er in den Sommerferien der Wirtin getüncht hatte, in den Winkeln hingen Spinnweben, bestaubt, als könnte er hier ungestört sein, als dürfe er sich jetzt nicht entziehen. Doch ging er ja schon in Gedanken die Treppen zu seiner Wohnung hoch, die er gestern in Erwartung auf seine Wirtin gereinigt und umgestellt hatte, als hätte er einen neuen Lebensabschnitt einleiten wollen, bis ihm erst nahezu am Schluß eingefallen war, daß sie gesagt hatte, morgen abend nicht kommen zu können, weil sie im Pfarrhof nach dem abendlichen Glaubensseminar noch den Gemeindesaal reinigen müsse, was ihm dann wenig plausibel hatte erscheinen wollen, als er da gesessen war auf einem dem Tisch noch nicht zugeordneten Stuhl – auf der ebenfalls intensiver als üblich gereinigten Tischplatte lag noch das Messer, mit dem er hartnäckige Flecken vom Boden geschabt hatte, und stand noch das Putzmittel – war ihm gewesen, als hätte er für seine Wohnung einen neuen Stil gefunden und Fremdenführer kämen, die den Besuchern versicherten, wie kunstfertig ihr Autor und zweckmäßig zugleich sein Möbiliar zu arranschieren wußte, um angenehme Stunden, wie vielfach vergessen, wird er betonen, und nicht nur allein, wird er augenzwinkern, zu verbringen. Sie werden ins Schlafgemach dringen, wo als Schreibtisch der Küchentisch mit weißer Resopalplatte steht, und sich jetzt auf ihrer Visite auf ein jugendliches Landschaftsbild des Autors konzentrieren und dem Gefühl nachhängen, daß in dem Autor auch ein großer Maler gesteckt hätte, den er bei zusätzlichem Fleiß schon herausbefördern hätte können, ihnen auch bedeutende Bilder zu bescheren, und jetzt fast ein wenig mißgestimmt, soweit das bei einem Museumsbesuch möglich ist, das Haus verließen, fern dem Gedanken, und sie hätten ihn von sich gewiesen, daß dem Autor keinerlei Erfüllung in diesen 3 Zimmern beschieden war. Morgen würde er die Einladung zur Nikolausfeier hektografieren, dann würde er sich freuen, wieder einmal im Klo seiner Wirtin sitzen zu können, durch dessen kleines Fenster man in Tannen sah, und dann mit dem Gedanken spielen, daß die Wirtin vielleicht zu bewegen sei, ihr Massachegerät in seiner Wohnung aufzustellen, und er würde sich einen Bulbus wünschen kräftig wie die Welle der Maschine, die den Riemen antrieb. Und was brachte ihm Erleichterung? Heute nur der Schneefall, und er sagte sich am Fenster, daß er zum Volksschullehrer geboren und er traurig wie ein Liliputaner sei, und in seinem Kopf nicht sowas wie eine zweite Regierung, man ihm Ehre erweisen würde, weil er ein kleiner Schriftsteller sei. Auf der Flucht vor seiner Tante. Die, die mit einem Angebot der rezeptpflichtigen Antibabypillen seine Wirtin erpressen wollte, ihr den Aufenthalt des Lehrers zu verraten, den sie sehen wollte, damit er ihr bestätige, daß sie ihm nichts schuldig sei, die von seinem Vater, da er seiner Mutter nicht getraut hatte und sie der Vormund des Buben geworden war, 10 000 Mark in Verwahrung bekam bis zu seinem 21. Lebensjahr und sie ihm dann nichts gegeben hatte, weil sie, wie sie sagte, bereits alles für ihn verwendet mit einer Liste aufwartete, hatte also auch jenes gelbe Sinalco, das er am 30. Mai 55, einen Pfingstmontag, mit ihr auf dem Arber getrunken hatte, verrechnet, ihm zweimal im Jahr je etwa 8 Tage auflauerte, denn öfter und länger erlaubten ihre Mittel nicht, daß er durch die Hintertür der Schule in das Auto eines Kollegen flüchtete und bei ihm wohnen konnte, sobald er ihrer anrüchig wurde, die ihn bis in die Schule selbst nicht verfolgte, da sie von einigen juristischen Schnörkeln und Sachverhalten abgesehen keine Bildung hatte, die ihr ihr Freund beigebracht hatte, der ihr Vermögen verwirtschaftete, aber trotzdem identifizierte er sich mit seinem Finger, wenn er vor der Klasse die starke Linie auf der Karte der erdumfassenden unterseeischen Gebirge und die unterbrochene starke Linie der Tiefseegräben nachfuhr und die Punkte der ungleichmäßigen Erdbebenverteilung nachzitterte, den Beweis erbringend, daß nicht nur die Kontinente in Bewegung sind, sondern auch der Meeresboden langsam dahingleitet. Oder er ging, ihr nicht zu begegnen, in den Wald und mußte am Waldrand auf die Toilette und fragte in der Gärtnerei visavis vom Waldfriedhof, ob er auf die Toilette dürfe, was die Frau ablehnte: Wissen Sie, wir haben das Klo im Bad. Also, das mußte sein Untergang werden, daß seine Klo-Sätze so amüsant waren, daß man in ihrer Bildhaftigkeit schwelgte und nicht litt an seinen Kloumständen.

Er dachte, daß er die Wirtin nicht mochte. Er dachte,

daß er die Wirtin mochte. Er war dankbar, daß ihm die Zeit beide Sätze abnahm. 2 Sekunden mitteleuropäische Jahreszeit, eine Sekunde lag eine sommerliche Straße da, eine Sekunde war Nebel auf einer Schneewehe. Ihr Fleisch mußte er denken. Auch jetzt hat sie das Fleisch, hatte er gedacht, wenn er in seiner Wohnung sie Wäsche auf den Speicher hatte tragen hören. Jetzt war er schon wieder auf sein Zimmer gegangen und merkte beim Öffnen des Morgenrockes, daß er bei ihr in der Eile die Unterhose verkehrt angezogen hatte. Da hörte er sie jetzt nach Mitternacht heraufschimpfen, weil ein Kind keine Ruhe gab, eine Stimme aus Zorn und Verzweiflung, die auch noch weinen würde: Man wird nichts als älter, die ihm Angst einflößte, und er bat, seinem Kugelschreiber möchten die Wörter nicht ausgehen, oder sollte er hinuntergehen und der Frau raten, für die Kleine noch eine Suppe aufzusetzen, oder er selber eine Wärmflasche für die kalten Füßchen machen, mit kalten Zehen konnte es doch nicht wieder einschlafen. Denn dergleichen tat die Frau nicht, weil es ihr nicht einfiel, wenn sie auf ihn wartete und grollte, weil er nicht kam, da er über sie nachdachte. Da stand er wie manchmal im Zimmer losgelöst vom Inventar und es nicht aus dem Auge verlierend: Wenn ich jetzt schriebe, daß ich dastehe, wäre ich versucht zu schreiben: Ich stand da und mir wurde beim Denken schwindelig, aber mir war nicht schwindelig, ich stand da. Und die Wirtin würde jetzt wach, wie immer, wenn sie nicht arbeitete, manisch den Kopf kratzen, was ihn bedrückte. Jedenfalls träumte er dann in der Nacht, daß die Felsen zerrissen, während es in Bibeln, in denen er nachgelesen hatte, hieß: die Felsen spalteten sich, als handelte es sich um einen wissenschaftlichen Versuch.

Als er dann wieder zum erstenmal zum Briefkasten ging, 2 Briefe einzuwerfen, schien die Sonne und der Schnee war grell, die Augen schmerzten, und der Himmel von einer schönen blauen Farbe, die zu beschreiben man sofort müde ist. Dann saß er mit dem Sonnenschein am Tisch seiner Wirtin. Dann kam eine Freundin ihrer ältesten Tochter zusammen mit einem Studenten, und sie unterhielten sich über die Magazine, die im Rauchzimmer des Gymnasiums aufliegen. Der Student sagte: Es gibt eine gemeine Art, Schnaps zu trinken, wenn man den Schnaps im Mund spült und dann Schluck für Schluck trinkt, wenn dann der Alkoholdampf in die Lunge kommt, wie er sich ausdrückte. Die Schülerin hatte einen großen schweren Busen. Er ging in seine Wohnung hinauf, setzte sich an seinen Schlafzimmertisch, an dem die ihm lieb gewordene Wäsche lag, von ihm eine ungebügelte Hose, von der Wirtin ein Kleid und ein Pullover, und auch eine Haarklammer der kleinen Judit. Judit, der es sosehr gefiel, die Tasse, aus der sie Wasser getrunken hat, in das von ihr mit Mühe erreichte Spülbecken fallen zu lassen. Dann kletterte sein Blick die Tanne hoch, die 2 lange Triebe als Gipfel hatte. Dann knipste er das Lämpchen an.

Übermorgen würde er die letzte Arbeitswoche vor Weihnachten haben, wenn nicht die Schule zwecks Erkrankung zu vieler Lehrkräfte schloß. Auf dem Schulweg würde er wieder schöne steife Finger bekommen, und er freute sich jetzt über diese Heuchelei. Die Tage vor der Erkrankung war er so müde geworden, konnte morgens nicht mehr so zeitig aufstehen, wie er wollte (auch jetzt fühlte er sich noch so matt, daß er sich lieber als mit der Wirtin mit einigen Unterhosen von ihr ins Bett gelegt hätte) und konnte sich auch nicht dazu zwingen, so daß er der Schule fern bleiben mußte, sich nach 3 Tagen das ärztliche Attest ausschreiben hatte lassen, das auf körperlichen und nervlichen Erschöpfungszustand lautete, so daß zur Wiederherstellung der Gesundheit ein längeres Aussetzen im Dienst für notwendig erachtet worden war, was ihm eine schreckliche Vorstellung gewesen war, da ihm schon am zweiten Tag

die frühmorgendliche Erscheinung der Wirtin im schwarzen Morgenrock, nackten Ausschnitts und in die Tiefe dunkelnder Brust, aus der die förmlich unschuldige Nachtwärme kam, gefehlt hatte, und am dritten Tag fehlte ihm sogar die neuerdings an der Brücke vom Staat aufgestellte bronzene Wildsau, die sich der Staat 40 000 Mark (mit Sockel) hatte kosten lassen, weil es in der Gegend noch vor 40 Jahren Wildsäue gegeben habe. Es fehlten ihm seine Kollegen, er fühlte sich alt und spürte, daß er mit seinem Leben nichts anzufangen wußte (und so ganz gehörte das auch heute noch nicht in die dritte Vergangenheit), mußte wieder einsehen, welchen Halt ihm sein Beruf gerade durch seine Widerwärtigkeit gab, und welchen Rechtfertigungsanspruch er daraus erhob, hoffnungslose, mißglückte Unterrichtsstunden vor sich zu haben. Und er hatte sich Sorgen gemacht, ob der Aushilfelehrer, zu dessen Klasse die seine gelegt wurde, nicht den Neger Franzl von den Mitschülern diffamieren ließe, da er doch immer solchen Wert darauf legte darzulegen, daß der doch nichts für seinen Fehler könne, weil sie ihn wegen seiner Haut auslachten. Kummer hatte es ihm geradezu bereitet, nicht im Rahmen der Menschenaffen über seine Lieblinge, die Orang Utans, sprechen zu können. Die Orang Utans, pflegte er zu sagen, seien schöner als die Eingeborenen Sumatras, pflegte er zu sagen. – Mein Großvater sagte gern: Dumm geboren und nichts dazugelernt.
(Sein Glied gewann während des Schreibens an Größe). An vollkommene Genesung war noch nicht zu denken. Noch gestern, als er im Krankenhaus in der Besucherhalle stand und aus dem großen Fenster in den tristen Innenhof auf eine dämliche Plastik sah, war er noch einmal zu den anderen Fenstern gegangen, die auf die Landschaft verwiesen, eingefroren, und hatte mittels eines Gedankens im Kopf ein Hühnerhaus in frühlingshafter Schneeschmelze, einen ersten warmen Vormittag im März, feuchten Geruch, penetranten Hühnerdrecks-

geruch, Nässe Tropfen Geruchsfahnen Strohreste, eine krabbelnde Biene auf der grobkörnigen sulzigen Schneedecke, als wäre die Sonne in diesen Dingen und erwärmte sie nicht nur aus unheimlicher Distanz. Der Gedanke, daß bei Identifikation die Sonne ein verfaultes angetautes Laufbrett zerstören würde, blieb ihm fremd.
Jetzt hörte er seine Wirtin Teig schlagen, das würde einen Kuchen geben, und sie würde ihn (ob sie jetzt auch keinen Büstenhalter trug? und die Busen schön hingen, während sie sich über die Teigschüssel beugte? und schwangen und kreisten, da sie heftig schlug? mit den beiden festen Spitzen), nachdem sie die Kinder für diesen Tag versorgt hätte, holen, und ihm erst so recht seine Freude über seine Heimkunft vom Krankenhaus zeigen können (hoffentlich hatte sie nicht die Regel). Jetzt merkte er, über den Termin der Geschlechtstüchtigkeit seiner Wirtin nicht mehr Bescheid zu wissen (was würde ihm noch alles durcheinander geraten?). Sollte er nicht gleich hinuntergehen, in der Küche stehen, zwischen ihr am Tisch und dem Gasofen sich bewegen, und so ganz in seinen Kopf einziehen lassen, was da war? (In den losen Winterunterhosen war er sich seines Geschlechts bewußter als in den strengeren des Sommers, was ihn gleich auf die zweckmäßige Züchtigkeit von Uniformen kommen ließ – er wagte nicht von Nacktheit zu träumen, wegen des utopischen Charakters, den so was in der gemäßigten Klimazone annehmen hätte müssen.) Im Kopf die Vorfreude auf den Geschlechtsakt? Im Mund eine Kostprobe der zu erwartenden Abendspeise? Keine Teatergedanken, wie er sie im Krankenhaus pflegen konnte? (Er würde heute auf ihr liegen.)
Jetzt rief sie *Andi Rut*, war es zum Essen oder sollten sie jetzt den Tisch decken? Sollte er jetzt hinuntergehen und auf die Gefährlichkeit von Röststoffen hinweisen? Nicht ihren schönen Kuchen sehen? Heute schon verzichten? Und ein Teaterstück schreiben? Aber würde ihm ein Teaterstück wie im Fall der Schule noch Halt gewähren,

wenn er einsah, daß es ihm Halt gewährt hatte? Sehnte er sich nach geistiger Betriebsamkeit? Widerwillen empfand er gegen jede Abmühung, und warum so tun, als wollte man Verständnis finden? Ach! der Aufwand etwas Geleistetes zu verwerfen, um es erneut zu machen. Aber wenn er in diesem Zustand keinerlei Verständnis fand, würde er in die Anfänge seiner Schulzeit zurückfallen: würde sein immer noch angeschlagener Gesundheitszustand standhalten? Die dämpfige Luft aus dem nassen Bettuch, das die Wirtin auf die Heizung zum Trocknen gelegt hatte, würde ihm schon zu neuen Gedanken verhelfen, aber wenn das Bettuch trocken war? Er könnte Wasser darauf gießen. Er wollte sich nichts mehr überlegen.
Ich aber meine, muß einige Überlegungen und Betrachtungen aus dem Krankenhaus nachholen, da er, wieder zuhause, so unvermittelt gestorben ist. Whitehall, an der Rückseite mit Efeu bewachsen, mit dem Platz, der an den St. James-Park grenzt, von wo man Westminster Abbey sieht, das alles sehe ich vor mir, und das Wetter und die düstere Stimmmung über dem Ganzen. (Cela m'empêche de dormir.)
Ins Krankenhaus fuhr er im Taxi, da er zu stolz war, von jemand auf der Bahre liegend zum Sanitätsauto getragen gesehen zu werden (gestorben sein, um politisch zu stammeln?). Er bekam ein Bett in der chirurgischen Abteilung. Werden Sie heute noch operiert, fragte die Schwester. Wieso operiert, entgegnete er, ich will beobachtet werden. Im Vierbettzimmer lagen 3 Männer und stanken, er ging wieder auf den Gang, als graute ihm, wie Masse behandelt zu werden. Dann wurde er in der medizinischen Abteilung, aber auf dem Gang, mit 3 anderen untergebracht. Am zweiten Tag, als ihn die Wirtin besuchte, war ihm so elend, daß er sagte, sie beide müßten zum Notar gehen, wenn er wieder heraußen sei. Die zweite Nacht auf dem Gang schilderte er ihr als schreckliche, weil 6 Herzinfarkte eingeliefert

worden seien. Kein Wunder bei diesem Wetter, meinte sie. Er hatte seinen Kopf nicht beisammen und meinte, daß es nun bald ein Jahr her sei, daß der deutsche Bundespräsident am ersten Staatsbesuch in Niger von dessen Staatspräsidenten Diori Hamani (wäre er nicht Lehrer gewesen, hätte er sich den Namen nicht merken können) ein Kamel geschenkt bekam. Am schlimmsten sei ein Mann gewesen, der verrückt geworden sei, um 21 Uhr habe er geschrien, ich halts nicht mehr aus ich halts nicht mehr aus, dem haben sie eine Spritze gegeben, sagte er zur Wirtin, und am Morgen ist er tot gewesen, Opa Opa, schrie das Enkelkind, den haben sie am Abend ins Bad geschoben, sagte er der Wirtin, und eine starke Spritze gegeben, damit er ruhig ist, ich hab hineingeschaut in den Duschraum, das war ein vornehmer Mann. (Wessen Glied ist jetzt nicht erloschen?) Er bat die Wirtin, aus seiner Mappe einen Zettel zu bringen, der als Datum den (die Erinnerung kam ihm wie ein Fieber) 31. Oktober 69 trüge (wollte um 17 Uhr die Schwester mit dem Fiebermesser seine Erinnerung messen?) folgenden Textes: Ich hab die Hand sooft vor der Nase und rieche. Zu Verstand kam mir das in Haslach, wo ich aus einem verhauten Garten für Rut (6), eine Dahlie pflückte und dann an den Fingern roch. Ich machte daraus gleich eine Metode. Wenn das gut geht mit meinem auf Vergänglichkeit gedrillten Kopf. Und da ich in einem Alter bin, da der Kopf am mächtigsten ist. Schlampigkeit lieben. Die Toten zweimal bestatten, zuerst eingraben und leicht abdecken, sind sie in Verwesung übergegangen, die Knochen herausschälen und mit Federn schmücken und endgültig bestatten.

Stellen Sie sich ein Mädchen vor, das nie das Wort Politik gebraucht. Nur Behörden können ihr auf der Schule gelernte Sätze abnötigen. Wenn sie auf dem Markt ein Paar Würste ißt, ist sie glücklich. Sie arbeitet am Tag 14 Stunden, sitzt am Sonntag stundenlang vorm Fernseher (sie geht ihr Leben lang jeden Sonntag in die Kirche).

Wenn sie 2 Stück Torte verdrückt! Wenn sie lacht, näßt sie die Hose. Wenn sie 50 Mark verliert, weint sie wie beim Tod eines Verwandten. Sie war ein paarmal in Straubing. Zuggefahren ist sie noch nicht. Gestern mittag vor 12 war sie auf dem Friedhof von dem kleinen Dorf Berg bei Deggendorf. Sie hatte plumpe Beine, einen kurzen Bauch, niedrige Stirn, längeren Hals, engen Minirock, der sich um die Bauchschenkel spannte (der Rock war braun). Gehts da in die Kirche, fragte ich. Da war es: Ja, sagte sie, sie kam aus dem dunklen Vorraum. Und dann stand sie auf dem Friedhof, als ich aus der verschlampten Kirche kam, stand sie zwischen den Gräbern, und ihre viel ältere Verwandte (ich nahm es an) richtete ein Allerheiligengrab, die obligatorischen Weißtannenzweiglein schichtete sie auf die geglättete Erde (der Wind hüpfte wie ein Blatt und war kalt). Vielleicht war sie eine Aufpasserin, die freimütig tat, was meine Liebe verschlafen tun möchte wie ein Feuerzeug, das rußt, daß man die Flamme gar nicht mehr sieht, aber doch brennend und rußend. Die also das Rumoren in meinem Sanitätskasten veranlaßte, daß ich also eine Spritze auffüllte, die, ich weiß es nicht, zum Tod oder zur Genesung oder zum Tod führt oder zur Genesung. Die in Berg war nicht Mädchen nicht Frau, ich sage dir, wenn du die fickst, vergißt du die Unterschiede zwischen einem Elefanten und einem Nilpferd, der Erzengel ist eine Sumpffee und ein Haufen Heu ist wohligstes Schlaraffia, da kommst du nicht mehr mit Zungenkuß an und Schenkeldrücken, da kennst du auch deinen Bauch nicht mehr und dein Hirn ist eine Schreibmaschine mit 5 N-n-Tasten ohne I-i. Oder dein Hirn ist kein fauler Apfel mehr, sondern eine Sprechpuppe, aber ohne Apparat ohne einen 18- oder 23-Sätze-Schatz, nein, das redet wie ich jetzt und ist der Wahrheit so nahe, daß Mord fast Zeugung ist und Zeugung Mord (falls sie gerade ihre fruchtbaren Tage hat, denn die Biologie, ach die Biologie). Nein, sie trägt zwar Kleider wie jeder

Verbraucher, aber wenn du mit ihr hinfällst, reißt du ihr bloß den Unterleib frei, daß du nur von buntem und weißem Stoff umgeben und Gestränge, die nicht hellen nicht dunklen eher hellen Haare vor dir hast und die 2 selten gewaschenen Schwellippen. Sie packt dich am Zeug. Augen auf Augen zu, es dreht sich alles, und nachträglich darf ich sagen, daß es für die Welt durchaus reicht, wenn sie auf ein paar Augenblicks-Ausschnitte reduziert ist, die bei so motorischen Augenaufschlägen in den Hirnkasten des abwesenden Fickers fallen, ja wo ist der ja wo ist der

Er gab also der Wirtin seine Wohnungsschlüssel und bat sie (wenn ein Kranker auf einem Gang untergebracht werden kann, kann auch ein obiger Abschnitt etwas von der Überflüssigkeit des Kranken haben), aus seinem Kühlschrank den Wurstaufschnitt zu nehmen, den zu essen sein Appetit während der letzten Tage nicht mehr gereicht hatte, was sie dann auch tat, und nur noch 3 Rädchen Tiroler waren genießbar. Ein andermal brachte sie ihm den gewünschten Zettel, den er später mit folgenden Verbesserungen versah, er setzte den Satz voran: Seit ein paar Tagen merke ich, daß ich sterbe: / nach Rut (6) schrieb er: – wir gingen spazieren – / nach Würste ißt, ist sie glücklich: wenn ich das Wort nehmen darf, da es im Vergleich mit anderen Wörtern steht, z. B. mit wohl. / nach wohligstes Schlaraffia: wie gesagt, wohlig mit Vorsicht zu genießen. Die Wirtin erzählte ihm von ihrem Aufenthalt in der chirurgischen Abteilung für Frauen im letzten Jahr, als sie neben einer lag, die die Decke mehr lüfte, als das das Gipsbein nötig machte, schnarchte, daß sie auf den Gang ging und horchte, ob in anderen Zimmern auch jemand so schnarchte, die Arbeiterin selber gesagt habe, daß ihr Mann sage, daß niemand so laut schnarcht wie du. Heute, sagte die Wirtin, und das war eine Freundlichkeit dem Herrn Lehrer gegenüber, die bei ihr erfolgte Verfeinerung des Benehmens und des Aufnehmens zu betonen, ertrage sie so einen wildartigen Typ nicht mehr. Sie hatte lange schwarze Zehennägel, wenn sie sich am Donnerstag den Fuß gebrochen hat, wachsen doch die Nägel nicht so bis zum Montag so, und sie lachten herzlich. Auf den Zettel schrieb er noch folgende Zusätze: Mein Urgroßvater sagte (1836 geboren, Bauer): Zum König und zum Kaiser muß man halten, weil sie dasind, weil man nichts ändern kann. Als seine 17jährige Tochter Mare mit dem Hilfslehrer von der Sonntagsschule unter der Brücke verschwand, verheiratete er sie mit einem Bauern, den sie nicht mochte. – Und: Meine Großmutter wurde nach ihren Angaben im Meldebogen vom 5. März 1947 von Nationalsozialismus und Militarismus (sie waren zu viert auf dem Gang und mehrere Tage) nicht betroffen, sie war aber immer noch für die Einschläferung von Geisteskranken. – Als meine Großtante 17 Jahre alt gewesen ist. Ich gäb was, wenn ich ihr die Hand auf den Schoß legen könnte. Röche ein Getreidefeld von 1883 und wüßte, daß in 5 Jahren meine Großmutter geboren wird. Diese letzte Notiz war wieder durchgestrichen, darüber der Satz: Dieser Staat macht uns dumm. Das war freilich mehr die Antwort eines Opfers als eines Analytikers. Ich will einmal so pietätlos sein und annehmen, daß diesen Volksschullehrer die eingesehene Pflicht zum Revolutionär ins Grab brachte, und will einmal sein Versagen (Wenn ich eine Klasse mit 50 Schülern bekomme, liquidiere ich den Staatsdienst, aber was macht man dann?) expressis verbis dahingehend beschönigen, daß er als Lehrer hierzu keine Möglichkeit zur Verwirklichung dieser Pflicht sah, er wohl auch zu poetisch befangen war, sich mit einer Rolle abzufinden, die ihm in dieser Gesellschaft kein Wirken als Revolutionär beschieden hätte (man hätte ihn eingesperrt) und auf die Vorstellung eines Sieges, ja nur eines Willens auf Befreiung in dieser Gesellschaft kann man nur ein Hasenlachen folgen lassen.

Inwieweit er die Notwendigkeit der Politisierung der

Massen einsah, weiß ich nicht, immerhin läßt sich nachweisen, daß er die negative pädagogische Wirkung des Kriegsspielzeugs erkannte und dementsprechend auf seine Schüler einwirkte. – (Er dachte, wenn die Schüler schwätzten: Ihr könnt ruhig schwätzen, denn so einen Schmarren wie ich euch erzähle, könnt ihr euch nicht erzählen.) Seine Notizen aus dem Krankenhaus, die ich jetzt abschreibe, bringen leider nur gröbstes, nämlich persönliches Rohmaterial zu dem geplanten Teaterstück, vermischt mit anderen Notizen, nach meiner Ansicht politisch irrelevanten, daß sich nicht entscheiden lassen wird, inwieweit es ihm um die Gestaltung einer witzigen Episode ging oder einer gesellschaftskritischen Studie. Sicher scheint mir, daß die einen Maler betreffende Passage auf ihn paßte, denn in der Annahme, daß er jegliche Überlegungen von sich ausgehend anstellte, und jede andere auf ihn wieder verwies, konnte er von der Hoffnung nicht ablassen, er müßte doch etwas sein, und damit einer spätbürgerlichen Denkart anhing, wie ja seine Teilnahmslosigkeit an der Umwelt erschreckend zeigt, und sein blödsinniges Festhalten am Staatsdienst, dieses Verharren auf Sicherheitsgarantien ist das Verhalten eines alten und dummen Menschen, eines Irren, denn er war ja noch jung, im Alter der besten Kräfte. Vergänglichkeitsfetischismus hat nichts mit Lebensbewältigung zu tun, wozu Ängstlichkeit um jeden Preis und für nichts? Zweifel über die Richtigkeit des Nacheinanders eines Abschnitts zeigte ich mit . . . an.

Selbst im Krankenhaus finde ich in allem, was ich tue, starken Sündencharakter, in letzter Zeit immer mehr. Die den leitenden Ärzten unterstehenden Abteilungen sollen auf 60 bis höchstens 100 Betten (bisher bis 250) beschränkt bleiben, die einzelnen Abteilungen organisatorisch und soweit möglich räumlich zusammengefaßt und der Unterschied zwischen Allgemeiner und Privatkasse aufgehoben werden. Mein Nachbar hat ein kleines farbiges Plastik-Krippchen aus einem Guß, dessen Spieluhr er jeden Abend aufzieht, daß mir bei diesem Weihnachtslied ist, als würde mir Luft ins Hirn gepumpt. Kein Schneesturm bei Mozarts Beerdigung. Zur Zeit ist es noch unklar, ob und in welcher Weise der Chefarzt die Mithilfe des ärztlichen Mittelstandes honoriert. Die romantische Legende (erste Person sein und in der Gegenwart ist wie eine Pflicht, der ich mich aber entziehen kann), Schneesturm und Regen hätten die Freunde des Komponisten bewogen, schon vor Erreichen des Wiener Friedhofs umzukehren, und daß, als Mozarts Witwe, die zur Zeit seines Todes krank war, später zum Friedhof kam (wenn ich Sätze abschreibe, hoffe ich auch, daß sie was aussagen), keiner den Ort des Armengrabes genau identifizieren konnte, sei erst im Jahr 1856 aufgekommen. Es sei daher notwendig, sich in kleineren Abteilungen auf Krankheitsgruppen (Wir Unternehmer danken dem Christkind:) wie Stoffwechselerkrankungen (Keine Klassen-Kost mehr!) oder Herz- und Kreislauferkrankungen (Die Biografen hätten in dieser Zeit nichts über die ablehnende Haltung der herrschenden Klasse gegenüber dem Komponisten schreiben können.) in der sowohl personell wie apparativ aufwendigen Diagnostik und Terapie zu spezialisieren (die Einzelheiten stehen für andere). Ah jetzt kommt – Jetzt kam die Nachtschwester mit dem Tabletten-Tablett (Professor Maurer: Horrender Bockmist) und gab ihm eine Beruhigungstablette (Müßt ihr denn immer Obstruktion betreiben?), damit er aus diesem Abschnitt fände. Die Rauschgiftsucht unter der Jugend ist doch viel schlimmer! (Hätte er besser eine Diagnose seiner Krankheit gegeben?) Jugend: Uns ekelt vor dem Weihnachtsrummel. Wir sollten bessere Schulen für unsere Kinder haben! (Gute Nacht) Gute Nacht

... da stand in der Zeitung – er gehörte zu den Lehrern, die im Unterricht in eine Zeitung sahen, oder ein Stück Brot aßen – daß (später hätte er in diesem Tag eine erste Szene aufgespürt) nach monatelangen Vorbereitungen der größte Rennring Mitteleuropas der Verwirklichung nahe gekommen sei, die Regierung einen Lärmtest mit einem Formel-V-Rennwagen veranlaßt habe, an dem auch der Regierungspräsident teilgenommen habe, und auf einem Foto daneben stand er auch in dem breiten Tal neben dem Rennwagen und schaute freundlich drein. Es war Ende November noch einmal milder geworden, unter dem Einfluß von Luft subtropischen Ursprungs und mit föhniger Unterstützung lag die Temperatur beträchtlich über dem Normalwert (Arbeitstitel: Der Regierungspräsident), sommerschnelle Augenblicke flitzten durch seinen Kopf, abwaschbare Mädchenarme füllige Renoir-Popos, ameisenflink gekräuseltes Schamhaar, Wellentreiben und die gesunde Luft, der erhobene Blick, das All und die Autos. (. . . in das triste Leben der Witwe Maria F., das las er schnell unter einem zerrissenen Foto der zerrissenen Zeitung.) Er diktierte noch: Bindebogen oder Ligatur. Werden 2 Noten zusammengebunden, dann wird die Betonung verschoben, man spricht von einer Synkope. Und ersparte sich diesen Satz: Dieser Bogen ist kein Bindungsbogen, sondern ein Frasierbogen. Es sind mehrere Noten zu einer musikalischen Frase zusammengezogen. Es ist ein Melisma, und entließ die Kinder vorzeitig, damit er den Zug noch erwische. Wenn die Leute nur diese Grundbegriffe aus der Musik wissen, bleiben sie brav. Nun, es waren 10 Jahre vergangen, Elisabet war nicht mehr im Heim Wettenhausen, sie studierte jetzt in Regensburg Jus, ihre Haare waren noch blond, aber wie er auf den ersten Blick sah, ließ sie Mitesser immer noch ausreifen, statt sie operativ zu entfernen (im Hintergrund floß die Isar). Auch war unter ihren Büchern immer noch das dickste das über Lionardo, das ihr ihr Vater geschenkt hatte. Das Bild, das er von ihr gemalt hatte, stand auf der Kommode (mochte ihr Daumen noch weich sein?), aber ein schlechtes Bild, denn sie hatte ihn schließlich davon abgebracht, gut zu malen (sie hatte ihm sein Werk aus dem Kopf gezogen, er verlief es mit ihr, der Schnee nahm es ein, Blätter durchwuchsen es). Und er schrieb nachträglich auf ihr Konto, daß er ohne sie nie auf die Höhere Schule gekommen wäre.

Er kam aus Niederbayern, hieß Herbert Schild, war Lehrling bei einem Schreiner. In München traf er als Jüngling ein, der schriftdeutschen Sprache und aller Komplemente unerfahren. Daß der Armeleutesohn zu seinem Erfolg forcierte Bildung nicht brauchte, zeigen seine Notizen und noch fünf Jahrzehnte später sein in einem Gemisch von Unverstand und Deutsch verfaßtes Testament. Die Nachwelt verlieh ihm das Prädikat Homo illiteratus. Neuere Forschungen führen den Beweis, daß er außer den Briefen van Goghs und der Bibel noch andere Bücher gekannt haben muß. Zur Malerei kam er im Haushalt des Münchner Dekorationsmalers August Tauscher. 1959 ist er als dessen Gehilfe registriert. In den sechziger Jahren unternahm er eine Reise nach Niederbayern, blieb eine Weile in Straubing. 1967 ist er wieder in München, gründet selber einen Haushalt, der später von einer Kusine, die er aus Niederbayern kommen ließ, besorgt wird. Von den neunziger Jahren an leidet er an Gicht. Er malt jedoch bis zu seinem Tod im Jahr 2022.

Auf der Höhe dieses Abschnittschlusses setzt am Rand längs geschrieben folgende Notiz an: Dachte er jetzt daran, daß die Wirtin auf die offenen Präservative stoße, wenn sie seine noch ungebügelte Wäsche gebügelt habe und in seinen Schrank richte, vor allem das Rauhpräservativ mochte sie gern.

Doch wirken alle diese Bilder altertümlich: sie sind aus selbständigen prallen Teilen mechanisch zum Bild addiert. Die Nahtstellen der Komposition nicht nur von immergrünem Gewächs überwuchert, sie sind als solche überhaupt aufgehoben: die Naturdetails, Berge, Gewässer, Wälder und Bäume, sind einander in der Bildebene alle als gleiche Werte angeglichen, Ferne und Nähe, vom gleichen Licht durchflutet, sind zusammen wirksam. Zarte (jetzt fand er seine Art zu schreiben schon schrecklich), hinfällige, naive Details sind kräftigst verwurzelt an ihrem jeweiligen Ort, gestützt vom Nächsten und gehalten im Gesamtzusammenhang. Geräumig entfaltet sich das derart als Einheit (sowas darf Laszlo Glozer in der Süddeutschen Zeitung schwätzen) vorgestellte Land: Es beherbergt unterschiedslos Schäfer und Kühe, den Raub der Europa, Juno, Psyche, Äneas, König David, Jacob und Laban, Hagar und den Engel. Mytologie wird mytologisch genommen, außerhalb der historischen Zeit (Scheiße!) ... (unleserlich) bewegt bis in die unvergleichlich gemalten, hohen Baumwipfel hinein ... ja als Kunstfigur mochte er mit einem Strauch aus Wind leben, in einem Haus aus Kehricht. Dann kam seine Mutter und wies auf das schöne Zimmer hin, in das er nun zu dem Weihnachtsmann gekommen war, das er sich dank seines Beamtenstands leisten konnte, seine Mutter hatte ihm immer zu einer Staatsstellung geraten (wenn es ihr auch wehtat, ihn unglücklich zu sehen).

... Schulden hatte er wie Rembrandt

Sie heiterte sein Gemüt auf, indem sie von ihrem Verehrer erzählte, der einmal der Leiter des Tropischen Instituts in Hamburg gewesen ist, ein Fachmann in der Seuchenbekämpfung auch jetzt noch ist und als alter Mann den Einfluß der Witterung auf Krankheiten studiert, wie er sie einmal bat, da er krank gewesen, zu ihr kommen zu dürfen, aus der Wanne, in der sie sich auf der Veranda abkühlte, trinken zu dürfen, um zu genesen, er durfte trinken und genas tatsächlich augenblicklich. Als sie mit einer Gehirnerschütterung im Bett liegen mußte, hat er angerufen und entschieden gesagt: Jetzt laß ich mich nicht mehr abhalten, Sie zu besuchen. Sie in ihrem jämmerlichen Zustand nicht von ihm gesehen werden wollte, er aber erschien, und sich nur zu ihr ins Zimmer setzen durfte, nachdem er sich draußen einen Sack über den Kopf gestülpt hatte, den er mitgebracht hatte haha humpelte, weil sie in eine Münchener Baugrube gestolpert war, ein Polier ihr sofort schriftlich Zeit und Umstände bestätigt habe, und sie ein tägliches Schmerzensgeld von der Versicherung der Baufirma erhoffe, schon nachhülfe, wenn es zu gering ausfiele. Dann kam das schöne Fieber, dann der ruhige Augenblick, da er auf die graue Landschaft sah vorm Fenster stehend, und er schrieb und schrieb, als verfaßte er lediglich einen Brief zu einem Werk, das ja fehlte, in ihm mochte schon sowas geweseen sein, das spürte er, wenn er an Uschis rotes Fell dachte, daß das kaputt war, da war er froh auf die Krankheit, aber die Krankheit schloß ihn nicht zusammen, wie er bei ihrem Einbruch erhofft hatte, sondern zerstreute ihn (wie zu lesen) auf die Umgebung, die ihm dann auch krank erschien, dann kam er ins Krankenhaus und da war ja alles krank. Sein Kollege würde nicht liebevoll die Schüler den Orang Utan lehren, der ihm ja so als Weibchen gefiel, da verspürte er geradezu einen erotischen Zwang, mit so einem rothaarigen Wesen im Urwald von Borneo sich von Ast zu Ast zu schwingen, daß er jetzt auch im Penis einen Knochen hätte.

Schüler: Wie brüllt ein Orang Utan?
Lehrer: Der Orang Utan brüllt wie ein Löwe.
Kapillaren: Haargefäße (rote Haare), kleinste Blutgefäße, Haarröhrchen
Bratwurst Bootswerft
Als die Wirtin ihn wieder besuchte, sagte sie, daß sie seinen Mülleimer ausgeleert habe, in die Aschentonne. Ins Eros-Center, sagte er. Sie lachte kurz auf. Er sah in den Schneefall, von der Kinderabteilung hörte er Weinen. Jetzt wußte er, was ihm fehlte, die richtige Einstellung. Aber den Ärzten gefällt meine Zunge nicht. Die Augäpfel sind trüb. Erzeugte er Schrecken? Ich rief Elisabet vom Bahnhof an, ob es ihr recht sei, wenn ich in 10 Minuten bei ihr bin. Elisabet lief mir durch den Garten entgegen, die Mutter deckte Beete ab. Sie erkannte mich

mit einem Blick, mit dem zweiten hatte sie mich gemustert und einen Gruß murmelnd, sich wieder gebückt. Wo ist dein Vater? Nach 10 Jahren sagte ich spaßeshalber, ich bin halt schon wieder da. Das seh ich, brummte er. Philipp, ihr Bruder, lag krank im Bett. Aber als wir in seinem Zimmer waren, stand er auf und zog sich einen Bademantel an, er redete leise, schloß das Fenster und ging immer wieder zum Fenster, ob unten nicht ein Teil seiner Eltern zuhöre. Von allen Freunden, sagte er, die Elisabet in den letzten Jahren nachhause brachte, bist du für meine Eltern immer noch der schlimmste, unerwünschteste. Aber wieso denn, sagte ich, ich bin doch Volksschullehrer. Ja aber wie du rumläufst, sagte Elisabet, du kommst in diesem Aufzug zum Regierungspräsidenten, mit den langen Haaren und dem Bart! Ich wollte darin, es kam mich kurz an, Rache sehen, weil ich sie damals einmal an der Isar wegen ihrer dummen Anschmiererei so geschimpft hatte, sie wollte damals schon gern wie 18 aussehen. Und eine Flasche Wein werden sie auch nicht annehmen, sagte sie. Wir tranken zu dritt auf Philipps Zimmer Tee. Da hatte ich unvermittelt den Höhepunkt meines Lebens erreicht, ich, wie es die Griechen nannten, blühte: ich wollte jetzt zu ihren Eltern hinuntergehen und mit ihnen reden. Ich klopfte an, und Frau und Herr Regierungspräsident saßen an einem Tisch, sie legte Patience (bist du in Tschechows Zeit?). Ich habe Ihnen eine Flasche Wein mitgebracht, sagte ich zu ihm, ich erinnerte mich, sagte ich, daß Sie gerne Wein trinken. Ich möchte aber nicht lange stören. Regierungspräsident: Geben Sie die Flasche Elisabet, Sie besuchen Elisabet, wir haben damit nichts zu tun. Er saß vor einem Glas Wein, und ich stellte mir vor, daß bei jedem Schluck, der in seinen Magen spritze, Schnee aufstöbe wie in einer Klarsichtkugel, in der Schnee auf ein Kloster fällt, wenn man die Kugel kippt und wieder in die Horizontale des Klosters kippt. Ja, sagte ich, aber ich bin in Ihrem Haus, war früher schon einmal da. Ich sah auf das Bild, das er mir damals um 400 Mark abgekauft hatte, ein Motiv aus der Provence, auf 2 Tage genau war ich 8 Jahre später (ohne Staffelei) vor demselben Motiv gestanden, ein rosaroter Unterstand oder so was, nur die grüne Weide, die im Bild eine so wichtige Stellung innerhalb der Komposition einnahm (aber das Bild, schoß es mir heiß in den Kopf, ist nichts wert, weil aus mir nichts geworden ist), war zu einer guten Hälfte dürr geworden. Ich stand da. Ich stand da. Ich stand da, zweimal in der Provence, einmal im feudalen Wohnzimmer, im Gang war eine kostbare alte Bibel aufgelegen (wieviel Analfabeten gibts in Kolumbien?). Die Platanenblätter kamen in meinen Kopf herein, sie waren so frisch (gewesen).

... auf Erzbischof Baldassarris Schreibtisch liegt eine unlängst erschienene Schrift mit einer Serie von Zeitungsbeiträgen. Darin erzählt er den Fall eines Altkommunisten, der – alt, gebrechlich und verlassen – um Aufnahme ins katolische Sankt-Teres-Spital ersucht und, auf die prompte Zusage hin, erwidert habe: Aber Sie wissen vielleicht nicht, daß ich das Parteibuch (mit niedrigster Nummer) einer Bewegung in der Tasche habe, die der Kirche nicht sehr gewogen ist. Einen Moment, erzählt Baldassarri, habe er gestockt, um dann dem armen Mann ein noch kräftigeres Ja zur Antwort zu geben. Er ginge, wenn es auf ihn ankäme, noch einen Schritt weiter in der Entpolitisierung des Katolizismus, in der Distanzierung vom Staat: im Grund sollte es auch ohne Konkordat gehen, die Kirche könne, ja müsse, aus eigenem Interesse auf alle Privilegien, allen staatlichen Schutz verzichten, um ihre ganze Freiheit zu gewinnen. Das hat er schon auf dem Konzil gesagt, wo er zu den lebhaftesten Befürwortern der Erklärung über die Religionsfreiheit gehörte. Frau Regierungspräsidentin: Das geht uns nichts an. Außerdem hätten wir den Abend gern für uns allein gehabt, es ist seit langem der erste Abend, den mein Mann frei hat und zuhaus ist, und den möchten wir gern für uns haben, wir möchten gern unsere Ruhe haben. Zwei Tage später bekam ich von Elisabet einen Brief, aus dem ich erfuhr, ihre Mutter habe den ganzen folgenden Sonntag geweint, sich wie so oft früher in ihr Zimmer verschlossen. Mir schoß eine 5-Minuten-Szene in den Kopf, da sie nur laut weint und grünewaldisch die Hände ringt, wie ein Lumpen auf dem Boden liegt (im verborgenen müssen die kolumbianischen Frauen schwere Arbeit tun, ihre Arbeit im Garten, im Schweine- oder Hühnerstall oder die Plackerei mit den Hunden grenzt an Quälerei, ganz zu schweigen von den Schwierigkeiten und der Verantwortung, die sie als Mütter haben, denn manchmal flüchtet der Mann vom Elend, von Arbeitslosigkeit und der drückenden Verantwortung für eine kinderreiche Familie in die Enge getrieben blindlings ins Verbrechen, dann ist eine große Schar halbnackter, hungernder Kinder in einer Wohnung eingeschlossen und wartet auf die Heimkehr der Mutter, die arbeiten gehen muß) und in verzweifelter Wut die Faust auf die Bretter klopft. Aber wenn sie auf die Toilette muß, kommen 2 Frauen und legen ihr die schwarze spanische Hoftracht an und wachen, daß in der Zwischenzeit niemand ins Zimmer eindringt, weder der Vater, noch die beiden Kinder. Frau R.: Ja, das müssen wir Ihnen schon sagen, mein Mann ist Regierungspräsident, das ist schließlich eine beobachtete Stellung, fast alles spielt sich in der Öffentlichkeit ab, da kann es uns nicht egal sein, wer in unserem Haus verkehrt, da heißt es dann, was hat der für Leute bei sich! Ich fragte, ob es so schlimm sei mit mir, da ich genauso wie ihr Mann Beamter sei, ebenso beim bayerischen Staat angestellt. Wie man solche Leute anstellen kann, sagte sie, ist mir ein Rätsel. Als ich noch malte, sie nicht wußte, daß ich die 14jährige Tochter liebte, eine Zuneigung Philipps deswegen zur Freundschaft deklarierte, hatte sie mir gesagt, sie zeigte mir ihre Innenhand, daß sie nicht nur das Schicksal zu einer Beamtenfrau in sich habe (ich spürte ihr Unglück), sondern ebenso die Ungezügeltheit zu einer Künstlerverbindung (kam ihr der Busen ihrer Tochter nicht verdächtig vor? kam ihr der Busen ihrer Tochter nicht verdächtig vor?). Und außerdem, sagte sie, gehört es sich einfach, wenn man zum erstenmal zum Regierungspräsidenten zu Besuch in sein Haus kommt, daß man da einen Anzug anzieht. Ich wandte ein, daß ich einmal heute früh mit dieser Kordhose und dem Rollkragenpullover in der Schule gewesen sei, dann doch gar nicht den Regierungspräsidenten besuchte. Ihr Amt interessiert mich doch gar nicht, ich hab doch die Eltern von Philipp und Elisabet vor mir. Ich sehe einen Mann, der es sich zuhause gemütlich gemacht hat, er hat den Kragenknopf aufgemacht, weil ihm vom vielen Reden, das kenn ich, der Hals angeschwollen ist. Auch sehe ich, daß Sie den Hosenbund aufgeknöpft haben, weils so bequemer ist, ich denk doch überhaupt nicht an Regierungspräsident, und Ihre Hausgaloschen schauen auch unterm Tisch vor. Und warum sollte die Öffentlichkeit nicht darüber reden, wenn Sie mit solchen Typen wie mit mir verkehren, wenn das der Hauptgrund ist! Ihre Hauptsorge sind die Leute, dann sollten Sie doch diese Leute stutzig machen, eben mit Gammlern und so Typen verkehren. Wenn Sie sich mit so einem sehen lassen, in Ihrer Stellung, könnten Sie doch den dummen Vorurteilen dieser Leute einen Schlag versetzen. Denn da wird ja wirklich nur nach dem Äußeren geurteilt. Frau R.: Wir haben keine Vorurteile und urteilen auch nicht nur nach dem Äußeren. Ein Bart ist ja von vornherein ein Zeichen des Protests. Sie wollen ja provozieren, mit solchen Leuten braucht sich mein Mann nicht abzugeben. Und wieso sollten wir die Meinung der Leute über diese Typen ändern wollen, die haben doch recht! Die wollen doch alles zerstören, wir wissen das doch! Warum haben Sie denn einen Bart? Liebe Kinder! Wir sprechen heute über die Menschenaffen. Es gibt 3 Menschenaffen, den Schimpansen, den

Gorilla und den Orang Utan. Zwar stehen der Schimpanse und der Gorilla geistig auf einer höheren Stufe als der Orang Utan, doch ist dieser wohl der interessanteste und ausgefallenste der drei großen Menschenaffen. Schon rein äußerlich unterscheidet er sich enorm von seinen Verwandten: die Beine des gedrungenen, kräftig gebauten Gesellen sind geradezu lächerlich kurz, die Arme des aufrecht stehenden Orangs jedoch berühren beinah den Boden. Solcherart proportionierte Gliedmaßen weisen auf die ausgeprägte Spezialisierung zum Leben auf den Bäumen hin. Trotz der Größe – ein ausgewachsener Orangmann kann 190 Zentimeter groß werden – und des entsprechend hohen Körpergewichts bewegen sie sich mühelos und spielerisch durch die Baumkrone. Dabei scheinen sie selbst auf der Flucht die für Orangs so charakteristische Ruhe nicht zu verlieren. Obschon aber kaum eine hastige Bewegung die flüssige, man möchte fast sagen, sanfte Harmonie, stört, ist doch das Vorwärtskommen erstaunlich. Praktisch nie berührt er dabei den Boden des Urwalds. Jetzt malte er mit roter Kreide einen Affen auf die Tafel. Jetzt ging er zu der zu Beginn der Stunde entrollten Tafel, auf der unten Orang-Utan (Pongo pygmaeus) stand, Pongo pygmaeus, wiederholte er für sich, und fuhr fort: In gemächlichen, gleichsam schwerelos, hangelnden (er hatte nur wenige Striche auf die Tafel gezeichnet) Schwüngen schwebt er von Ast zu Ast, von Baumkrone zu Baumkrone. Die großen kräftigen Hände haben lange Finger, der Daumen steht den übrigen 4 Fingern gegenüber wie an unserer Hand, so daß die Äste sicher gefaßt werden können. (Sollte er das mit den Zehen sagen?) Doch nicht nur an den Händen, auch an den Füßen ist die Großzehe den übrigen Zehen entgegengestellt. Die Füße sind daher fast so tüchtig wie die Hände (Greifwerkzeuge). Orang Utan bedeutet in der malaiischen Sprache Waldmensch. Eingeborene glauben, daß der zottige Geselle in Wirklichkeit ein Mensch sei und nur deshalb nicht spreche, damit er keine Steuern an den Staat entrichten müsse (Lachen). Der Name be / Was halten bei uns die Leute von einem, der nicht redet? Karl Kraus. Karl Kraus: Daß er sich verschluckt hat. Filbinger Josef. Filbinger Josef: Daß er keine Zunge hat. Anita Strauß. Anita Strauß: Bei uns meinen die Leute, daß er ein schlechtes Gewissen hat. Oder kein Geld. – Ich will es euch sagen, bei uns meinen die Leute, daß er nichts weiß und nichts denkt, ein Dummkopf ist. Pst. Der Name bedeutet, bezeichnet aber auch den Lieblingsaufenthaltsort des Orangs: er ist ein ausgesprochenes Waldtier. Die feuchten, dichten treibhauswarmen Urwälder der Tiefebenen Borneos und Sumatras sind seine Heimat. Selbst wenn er einmal, um ganz besonders schmackhafte Pflanzenschößlinge zu suchen, in die trockenen Hügelwälder steigt, so geht er abends wieder zurück in seine schwülen Niederungen. Wer will denn den Orang Utan auf die Tafel zeichnen? Iiiiiiiii. Andreas Sauer. Die Karte nehm ich inzwischen weg. Wenn er wieder mit der Klasse in den Tierpark führe und im Affenhaus die schöne Oran Uschi sähe. Wenn sich wieder diese schöne Oran Uschi diesem Affenmännchen böte (an). Wenn sie sich wieder auf den Rücken legte und die Füße mit den Händen packte. Wenn die genitale Öffnung sichtbar würde, vergaß er die Klasse wegzuführen, legte er sein Hirn in ein kindheitliches Borneo-Grün und begattete sich in ventraler Stellung mit Uschi, daß er nur den Affen sichtbar (er stand in vorderster Reihe) die Augen verdrehte. Das hast du schön gemacht, setz dich wieder. Allabendlich baut er sich in einer dichten Baumkrone ein Schlafnest. Er sucht sich zu diesem Zweck eine geeignete Astgabelung, bricht dann grüne Äste und Zweige und errichtet damit in kurzer Zeit ein Podium, das er zuweilen noch mit abgerissenem Laub polstert. Er ist ein leidenschaftlicher Langschläfer. Mit dem Einbrechen der Dämmerung legt er sich hin und erst am späten Vormittag verläßt er sein Nest. Fast nie benutzt er zweimal dasselbe Nest, baut sich jeden Abend ein neues, denn seine Streifzüge (ich schreibe) bringen ihn täglich oft viele Kilometer weit durch den Urwald. Er ist ein ausgesprochener Zigeuner, ein Nomade, ruhelos und ohne Gefühl für Häuslichkeit. Er konnte sich mit dem Affen identifizieren und hatte eine schöne Stunde. Und ein Bart, sagte Frau Regierungspräsidentin, ist ja auch unhygienisch, da ekelts einen ja brrrrr! Sie brauchen mir ja keinen Kuß zu geben, sagte er, das macht ja Elisabet (er wagte sie nach 10 Jahren nicht anzusehen) und die störts nicht, der gefällts sogar. Frau Regierungspräsidentin: Sie sind ein schrecklicher Mann schrecklich schrecklich (von ihr diesen Schrecken zu nehmen, wollte er nicht in diesem Kapitel gestorben sein)! Sie kommen einfach her, ohne zu wissen, ob Sie angenehm sind, Sie drängen sich in ein Haus, das hat mit Anstand nichts zu tun. Er mußte wiederholt grinsen. Philipp kam zur Flurtür herein, Elisabet räumte Besteck in den Schrank. Er (zu den Geschwistern): Eigentlich komm ich mir saublöd vor, hier rumzustehen mit der Weinflasche im Arm. Elisabet: Setz dich halt hin. Er: Aber einen Rest von Anstand muß ich doch wahren: ich bin dazu nicht aufgefordert worden. Philipp lachte durch die Nase vor sich hin. Herr Regierungspräsident: Wenn du weiter so grinst, hau ich dir eins nauf. Philipp war 27. Er: Dein Vater will den Wein nicht, ich schenk ihn dir, du kannst damit machen, was du willst. Elisabet: Vati, ich schenk dir die Flasche, nimmst du sie von mir? Der Regierungspräsident lachte, sagte: Nein, ich nehm sie nicht. Elisabet: Aber schau, von mir kannst du sie doch nehmen. Das ist ein guter Wein, das ist ein Würzburger Stein. Sie lachten, der Regierungspräsident auch, sagte: Nein. Die Regierungspräsidentin stand auf, sie sagte: Das ist doch die Höhe, soweit kommts noch, daß wir uns im eigenen Haus lächerlich machen lassen müssen. Sie verließ das Zimmer. Elisabet: Geh, Vati, jetzt nimms halt! Herr Regierungspräsident fast flehend fast verzweifelt: Elisabet, du weißt, ich kanns nicht nehmen, du weißt, warum. Elisabet: Nein ich weiß es nicht. Philipp weißt du es? Philipp: Nein ich weiß es auch nicht. Als sie später draußen waren, sagte Elisabet: Bestimmt hats ihm die Mutti verboten zu nehmen. Zu dem Vorwurf, sein Mandant habe einen polnischen Häftling dadurch getötet, daß er ihm die Düse eines Wasserschlauchs in den Mund gesteckt und dann den Hydranten habe aufdrehen lassen, meinte der Verteidiger: Die Glaubwürdigkeit des einzigen Zeugen, der diesen Vorfall bekundet, kann wohl im Ernst nicht mehr zur Debatte stehen. Seine Belastungen sind im Lauf der Zeit immer mehr abgebröckelt und zum Schluß zusammengebrochen. Somit komme hier gleichfalls nur ein Freispruch in Frage, ebenso hinsichtlich der Russenerschießungen, wie ja auch die Staatsanwaltschaft zum gleichen Ergebnis gekommen sei. Herr Regierungspräsident: Setzen Sie sich halt hin. Er: Danke. Das ist schon kompliziert mit der Flasche. Können Sie sie denn nicht als Gastgeschenk nehmen? Herr R.: Nein, bitte lassen wir das jetzt. – Ich hab Elisabet vom Jurastudium abgeraten, weil ich weiß, daß sie da sehr unzufrieden werden kann. Studier nicht Jura, Regierungspräsident kann nicht jeder werden, da gehört auch Glück dazu, und du vergleichst später unbewußt meine Position mit deiner, es ist unwahrscheinlich, daß du so hoch kommst, und dann wirst du unzufrieden. Ich habe ihr geraten, Kunstgeschichte zu studieren. Frau Regierungspräsidentin platzte herein: Nein! das ist unser Haus, da bestimmen immer noch wir! Einen Menschen, der unsere Tochter überreden möchte, mit ihm zusammen zu leben, das ist die größte Infamie, die mir begegnet ist, den können wir nicht bei uns dulden, der braucht nicht auf Gastfreundschaft zu warten. Oh, daß er vor 10 Jahren Elisabet aufgefordert hatte, mit ihm zu gehen, das hatte sie nicht vergessen, das mußte sie sich erst in der letzten Zeit vorzutragen erlaubt haben. In ihrem Brief stand dann auch noch, daß sich der Vater überlegt hätte, den Verfassungsschutz auf seine Spur zu lenken, da er nur von linken Kreisen gekauft sein konnte, mit der Tochter eines Regierungspräsidenten zu schlafen für ein paar Wochen, um dann eine Schlagzeile in der Presse zu machen, das Ansehen eines Regierungspräsidenten in den Dreck zu ziehen, schrieb, daß sie den Wein in einer Karaffe aufgetragen, und sie erst nach dem Essen gesagt habe, woher der Wein stamme, er aufgesprungen sei, pfuiteufel geschrien hätte, mir ist schlecht, wo ist der Schnaps? wo sind die Tabletten? Wir sind immer noch intelligenter als du, im prakischen Leben, habe er an selbigem Abend die Treppe hoch dem zu Bett gehenden Philipp nachgerufen. Und wenn man dich erziehen will, dann rotzt du, du Drecksaff!

Ist dieser Text ein Schrecken, fragte er sich. Zwar hatte der Schnaps seine Grippe nicht länger eindämmen können, so daß er der Schule einige Tage hatte fernbleiben müssen, doch war er nicht ins Krankenhaus gegangen, da hätten die Details anders ausgeschaut. Auch nicht gestorben, war er froh, im Schlafzimmer der Wirtin einen Blick auf die unverletzte Stirn der kleinen Judit werfen zu dürfen. Zwar hatte er Angst vor den Kindern wieder, gleichsam als wollten sie in Gruppenarbeit seine einzelnen Organe traktieren, doch freute er sich, am frühen Morgen den Postboten wieder zu sehen, und er wollte ihn freundlich grüßen. Auch sah er ein, daß es blödsinnig sei, für eine Kunstfigur Die Macht des Löwengebrülls zu beenden, sollte sie doch krepieren. Für sich aber wollte er jetzt doch diese Arbeit wieder aufnehmen, damit sie ihm vielleicht weiterhülfe. So war er also fast guter Dinge, als er bei seiner Wirtin in der Küche zu abend essen durfte. (Sie schon wieder nackt zu sehen, wäre ihm zu barbarisch erschienen.) Bei den Kindern am Wohnzimmertisch wäre es ihm zu laut gewesen, und dann hatte sie den Tisch gleich abgeräumt und machte ihn jetzt schon sauber. Die Kinder redeten nicht unleidig in ihrer Kammer. Also aß er am Küchentisch ein mit Himbeersaft gesüßtes Gelberübengemüse, zu dem ein Glas Bier fast herrlich bitter war. Links von seinem Teller lag noch ein Haufen Schalen roher Kartoffeln, das Schälmesser und ein Teeseiher. Auf dem Fensterbrett gleich überm Tisch stand eine fettleibige Topfpflanze (fettleibig wie sie war, diese lateinische Wendung fiel ihm ein). Nein, so ein Kapitel schreibe ich nicht mehr. Jetzt habe ich mir wieder ein schönes Stück Literatur von der Brust gerissen, es wird nur einige Wochen dauern, bis es abgekühlt ist. Oh Lysander!

Ja, jetzt, da ich schreibe, bist du da. Ich such nur noch ein Bändchen, ich bin auf dem Schrank und dem Regal rumgeklettert und konnte es nicht finden, auch ist mir schon wieder nach einer Orange zumute. Du bist wohl sehr scheu und in Gefangenschaft gehst du ein. Jedes Kirchenmitglied ein Zoo, Nashörner, Gnus, und du bist die Attraktion, aber du bist eingegangen, und was sich da laust, ist ihre Gedankenkonstruktion, die sie als Tier belachen. In mir bist du lebendig, allerdings bin ich am Verenden. Jetzt wäre ein neuer Absatz fällig, aber auch vor dem Bruchteil einer weißen Zeile habe ich Angst. Als wir am Morgen in den Ort hinuntergingen, nahm ein Hausbesitzer den Kasten Festbier vom Ausfahrer in Empfang, der Fahrer sagte: Des warn de Richtign fürn Hitler gwen. Weil wir zerknitterte Mäntel anhatten, weil wir auf unsere Schuhkappen Drachenschnauzen gemalt hatten, zerknittert, denn wir hatten im Schnee übernachtet, hatten unterm Schnee geschlafen und die feuchte Luft eingeatmet (Hasch! kein Hasch wäre verloren gegangen), daß wir jetzt unverschämt jung aussahen, im Gegensatz zu den zerknitterten Gesichtern, denen wir jetzt wieder begegneten. Als wir uns am Pündter-Platz verabschiedeten, brüllten wir vor Schmerz, Eulenspiegel, seine Freundin Birke und ich, sie nennen mich Einstein (nach Polanskis Tanz der Vampire), umarmten und küßten uns und hängten uns Hongkong-Viren an. Ich hatte zuhause den Geruch der Schulhefte. Birke ist aus Schweden. Ich komme vom Petersplatz und von Niederbayern, auch Süditalien ist dabei (des Meeres wegen?), 14 Jahre zurück, Niederbayern im April und nochmals 11 Jahre zurück, April Kriegsende, weil du gesagt hast: Die 3 Polen, die auf Ruselabsatz erschossen wurden, seien nicht schlechter als andere gewesen (aber schlechter waren die Mörder), ich sollte das Zeichen verstehen, das du mir gegeben. Ein Herr erzählt dem anderen, daß er einen Brief bekommen hat, in dem steht, daß auf dem Vesuv Schnee ist, auf der Kuppe. Ich wußte nicht, daß ich wieder in dieses Kafe gehen sollte. Die beiden Herren sind jetzt ärgerlich, weil der eine die Karte, obwohl er sie in die Kristallschale gelegt hatte, vergaß, die sie gemeinsam jemand schreiben wollten. So ein junger Mann, sagte die Verkäuferin, und vergißt alles. Mir fällt auch vieles aus der Hand, dann weiß ich aber plötzlich, daß wir im Englischunterricht sagen mußten, wenn wir austreten wollten, can I wash my hands please. An einem langen Tisch sitzen alte immer noch alternde Damen und passen auf, damit ich nichts gegen Weihnachten sage. Du kennst meine Art, dich zu lieben: ein Teller zerspringt am Boden und ich zucke vor Freude zusammen. Wenn ich meinen Bardolino hab, sagt das Schwein, auf dem Sofa liege, das ist meine Rettung. Du sagst, ich sollte mich nicht festlegen. Jetzt hab ich den Kaffee geschlürft, da haben sie mich angesehen. Ich sah in das kleine Bumskafe, ein Tisch wurde frei, somit ist es entschieden, wohin du mich willst zum Schreiben, dachte ich, aber die Abwischerin sagte, um 5 schließen wir, da war es klar, daß ich hierhergehen sollte. Jetzt wollen sie sich Kafes einfallen lassen, in einem wollen sie sich am Montag treffen, die Karte zu schreiben, sie einigen sich auf dieses Kafe. Der eine heizt morgens elektrisch. Das Wort verloren steht zwischen uns. Fakir ist ein gutes Ding, ich muß es loben (elektrischer Ofen). Ich habe meinen Bart gekaut, wessen Kulpa? Entrinnen. Sünde. Empfinden. Frühling. Am Äußeren ist mir anzusehen, daß ich etwas Angst vor dir habe. Jetzt reden sie über Kiesinger und Strauß, Kiesinger, das Ausland, wie könnten sie nur diesen Goldfasan. Weiterlesen. Wenn du immer an Sibirien denkst (ihr Mann war in Rußland), muß dich da frieren, denk an Afrika! 20 Büchsen Rindfleisch, 20 Dosen Ölsardinen, Tee, Kaffee, Zucker, Zwieback, Kondensmilch. Als Luxus Zigaretten und insgeheim eine Flasche Branntwein, um die Jungens bei Laune zu halten. Ist es so wichtig, daß ich zwischen diesen Leuten wohne, ich möchte fortgehn. Auf Wiedersehen, ich gehe deine Vettern im Urwald besuchen. Erst als ich mir die letzten Tage sagte: Ich kann nichts lernen, aber es könnte ja sein Wille sein, hast du dich gerührt, mich erinnern lassen, wie du mit mir durch den Wald gegangen bist vor etwa 20 Jahren und mit mir gesprochen hast. Ich erinnere mich an dein Aussehen, es war finster und böse (?), aber inzwischen sage ich: bitter, dein Gesicht war ein Bild, Bilder sind austauschbar, aber dein Haar war schön war lang. Du hattest gesagt: Du wirst hier wieder gehen und mich vergessen haben, wirst mit deinem Geschlecht spielen und Mädchen anhängen. Freiheit kann keine Information aus zweiter Hand sein. Ich schreibe nicht verworren, nicht logisch ablaufend, ich lade keine Waffe durch. Seit dem frühen Morgen hatten wir erst einmal gerastet, unter hohen Bäumen eine Zigarette geraucht. Ich war zu müde, um Fragen zu stellen oder mich zu unterhalten. Hinter dem Feld begann der unberührte Urwald, Schmetterlinge, die aussahen als seien sie aus Papier. Wir waren im Urwald. Ermüdet stolperte ich über eine Wurzel. Ich nehme jetzt Sätze, wie die Aufnahmen von einem Schimpansen in einem abendfüllenden Liebesfilm, die mir allein gefielen (meine Mutter hatte mich mitgenommen). Muh-muhmuh! Ja, das ist der Ruf. Das ist etwas ganz anderes, als wenn man einen Orang durch sein Käfiggitter im Zoo betrachtet. Er warf mit einem Zweig nach mir und bewegte sich dann langsam weiter. Ich erhob mich und schüttelte ein paar Ameisen ab, die mich in den Hals bissen. Ich notierte mir, was ich gesehen hatte. Es begann leicht zu regnen. Das Nieseln ging in einen richtigen Regen über, der durch das Blätterdach drang und uns die Gesichter hinabrann, weil die Regentropfen solchen Lärm machen, um von oben nicht gesehen zu werden. Da erblickten wir ihn. Er hielt einen Zweig zwischen den Zähnen und balanzierte damit auf einem hochgelegenen Ast zu einem Nest (2 Sätze können miteinander nichts zu tun haben). Er hob seinen langen Arm und kratzte sich den Rücken. Nur wagte ich es nicht, mich zu kratzen. Er hielt inne, setzte sich und blickte, die neue Lage überdenkend, hinunter. Manchmal nahm er einen Zweig nochmals auf, drehte ihn um und fügte ihn anders ein. Es wurde schwierig, seinen Körper vor dem Hintergrund aus dunklem Laub zu erkennen. Wir konnten nur seine Hand sehen, die sich immer noch an den Ast klammerte, der ihm beim Ein- und Aussteigen als Stütze diente. War es für sie überhaupt möglich, in den Urwald zurückzukehren, sich Nester zu bauen und im Regen zu schlafen? Ich selbst würde binnen weniger Tage umkommen, wenn ich hier auf mich selbst gestellt wäre. Daß man selbst so leben würde, wenn man zu einem Dasein im Urwald gezwungen wäre. Ach, wenn man doch lautlos und ohne Mühe auf einen Baum steigen, sich zu ihnen hinaufschwingen und sie richtig sehen könnte. Jeder Eindringling wird zunächst von oben gesichtet, wobei der Baumbewohner meist unentdeckt bleibt und viel Zeit hat (entspannte Beobachtungsweise und Neugier sind typische Züge eines Baumbewohners), darüber nachzudenken, ob sich eine Aufregung seinerseits lohnt. Erachtet er die drohende Gefahr gering, dann bereitet es ihm Vergnügen, den Zuschauer zu spielen. Aber selbst wenn man einen dikken Pelz besitzt, der einen wärmt und die Regentropfen

ablaufen läßt. Jetzt weiß ich nicht mehr, wem ich Freund bin, wem Feind. Die Leute in langen Mänteln kann ich ebensowenig leiden wie die in kurzen. Deine Antworten waren auch stereotyp, das heißt, ich antwortete dir nur mit schlechtem Gewissen. Ach sag nichts, das schlechte Gewissen ist auch nur eine Zudecke, um es darunter warm zu haben (eine Oberfläche, um darunter produktiv zu sein). Am Nachmittag des Heiligen Abend bin ich bei der Wirtin im Wohnzimmer, sie schmückt lustlos den Christbaum. Sie hat ein schlechtes Gewissen, weil sie ihrer Mutter nichts gekauft hat. Am Jüngsten Gericht werde ich nichts zu meiner Verteidigung vorbringen, sagt sie.
Oh da werde ich reden, daß Gottvater Speichel in den Bart trieft und er sagt: Ah von ihm war Martin Walser so begeistert. Birke kommt (Eulenspiegel muß noch einmal mit seinen Eltern Weihnachten feiern). Vorher (was ist das? nicht jetzt, etwas früher) bin ich spazieren gegangen zu sagen: Ich bin spazieren gegangen. Aber du bist in mir gehockt, als sei seit der Altsteinzeit keine Zeit vergangen, so traurig bist du gewesen. Birke schenkt mir einen großen Topf Marmelade, selbstgemachte aus Zitronen Grapefruit giftgrün mit Lebensmittelfarbe eingefärbt, grün, mir fällt nur das Wort Borneo ein (Die blaue Silhouette des flachen Hügellandes an der Westspitze Borneos verblaßte allmählich über dem Südchinesischen Meer im fernen Morgendunst). Daß ich nie ein Affenbaby nach Affenart aufziehen könnte. Ich selbst lernte denn zuvor, wie ein Orang Utan zu leben! Med den skrattretande tanken, om jag inte så att säga missat det riktiga. Ich hatte der Wirtin und ihrer Familie einen Fernseher geschenkt. Jedes Kind bekommt 1 Weißwurst, der Vater ißt allein im Wohnzimmer 4 oder 5 Weißwürst (wir aßen in der Küche). Jetzt hat er sich einen so großen Ölofen angeschafft, der soviel Öl frißt. Das muß er doch wissen als Heizungsmontör. Weil er ihn billiger kriegt hat. Die ganze Straße

sagt: Die arme Frau. Er ist an die 2 Meter groß. Birke gefällt mir sehr, aber ich könnte mir nur einen Volvo kaufen. Ich hab ja auch für Judit nur einen Orang Utan aus Stoff gekauft. Ich bekomm ein kleinkariertes Hemd, babyfarben. Die Wirtin sagt: Der Herrgott machts schon wieder recht, da kannst du machen was du willst. Med den löjliga föresaten att se på TV står dom där och skruvar och skriver och skruvar och ingenting utom brus och sus och suddiga bilder kommer ... ich hatte einen Fernseher gekauft. Med den löjliga tanken att jag var en aphanne somnade jag långsamt in. De förtrogna ljuden från min apmor nådde mina öron. Bei dem lächerlichen Gedanken, ob ich nicht sozusagen vor Tausenden von Generationen den richtigen Anschluß verpaßt hätte, und mit dem starken Wunsch ein Affenweib zu werden, dämmerte ich in den Schlaf hinüber. Es regnete ununterbrochen. Ja, jag sov i ett träd och hörde de för mej förtrogna ljuden från urskogen, obekymrad och avspänd, som om jag satt i en loge i en konsertsal ... I am hungry you are Henry var så god, ich denke an das ewige Feuer ich denke das ewige Feuer I am slow you are tired. Ich war von einem Aufseher im Wald gefunden worden, weinend auf dem Leichnam meiner Mutter hockend. Der Kadaver war schon so verwest, daß es unmöglich war, die Todesursache festzustellen. Jetzt werden meine Gedanken wieder in alle Winde zerstreut, ich weiß nicht, wo sich wieder eine Handvoll trifft.

Was soll das heißen, als Eulenspiegel wieder mit Birke kam, war alles in Ordnung?

Das wäre der erste Schritt für mich, im Dunkeln einen nassen Baum zu ersteigen! (Es ist das schon das letzte Kapitel, denn zu der Einfachheit des ersten zurückzukehren, wäre der abwegigste aller verrückten Wünsche, oder soll jemand sterben, damit ich in einen Anfang zurückgescheucht werde? Mir graut vor der Zeit, bis ich wieder eine Erzählung beginne.) In der darauffolgenden

Nacht träumte ich – als Birke von der Straße in dieses Haus einbog, hatte ich den glücklichsten Augenblick von dem eben geschriebenen aus gesehen – in diesem Zeitalter des Nebeneinanders ist es, als müßte man essen und scheißen zugleich, als müßte man seinen eigenen Scheißdreck fressen (was haben die Leute an Weihnachten auch schon anderes gegessen, gehts noch weiter?). Ihr entfernt euch besser allesamt (der Unverstand tritt auf – sieh her! – aber Verzweiflung und Verwirrung verursachen ihn, Verwirrung und Verzweiflung, Verwirrung und Verzweiung? wäre besser), flüsterte ich ihm zu, sie mögen es bestimmt nicht, wenn wir sie zu dritt beobachten (irgendwie hab ich das Gefühl – trotz allem – daß ich in der Suppe schwimme) und zu sagen: Ich ertrinke, ist daher nur lächerlich, denn wer kann will mir glauben, daß der Ozean sich nicht unterscheidet (von was?) der Himmel ein Tellerrand ist (jetzt verkündest du was?) der Ungeduldige an der eigenen Nase scheitert, der Tapfere den Mars bezwingt, wie ein Furzgestank steigt die Frage an sich auf (loslassen) aus. Er setzte sich auf, blickte um sich und kratzte seinen Kopf. Er saß seitlich und rieb sich mit den Fäusten die Augen, dann holte er tief Luft, streckte seinen Rücken und hielt erst die eine, dann die andere Faust weit von sich. Während er ausatmete, ließ er sich zurückfallen. Er setzte sich wieder auf und blickte über den Rand des Nestes. Dann kratzte er sich zwischen den Schulterblättern. Seite 145: Die ersten Sonnenstrahlen brachen durch das Laubdach und saugten den Regen der vergangenen Nacht auf. Jetzt träume ich, daß ein junges Löwentier das Maul aufreißt zum Gähnen? Aber er brüllt nicht (zum Gähnen?), soll ich jetzt sagen, soll ich jetzt Künstler sein? daß ihm grüne Marmelade aus dem Magen quillt, soll ich meinen eigenen Schmerz so albern finden und sagen, daß er seine grünen Organe (Lebensmittelfarbe) erbricht? Jetzt zünde ich mir eine der österreichischen Virginier an (wenn ich schon kalte Füße hab ...) Feuer! Birke, das ist echt swedisch (björk). Birken ein See nackte Mädchen ist Reklame von Sweden doch ja. Wenn ihr aber den Greuel der Verwüstung seht – wer es liest! der merke darauf soll ins Gebirge fliehen, soll im Wald untertauchen (was hülfe ihm dort eine Platte mit der Fledermaus von Johann Strauß). Zum erstenmal: anzünden! Jetzt bin ich dort, wo Literatur schweigt. Und bald wurde mir klar (ist der Wald von Wolkenkratzern umgeben?), daß 2 Affen das Nest teilten. Wer auf dem Dach ist, soll nicht hinabsteigen (denn es kamen mehr als 2 Arme zum Vorschein, die mit Kratzen und Recken beschäftigt waren), und nicht hineingehen, um etwas aus seinem Haus zu holen (komm in die Gondel mein Liebchen steige nur ein). Mein Liebchen darf ich ruhig sagen, ich kann mich ja an die Reklame halten, wer könnte mir da was antun? Und wer auf dem Fußballplatz ist, soll nicht zurückkehren, um seinen Mantel zu holen (das sagst du mir). Komm doch mein Liebchen die schwankende Gondel entführt (Reklame wofür?). Reklame für den Untergang: Wehe aber den Schwangeren und den Stillenden (und jenen, die im Abtreibungsbett liegen). Kein Laut war zu hören, kein Quietschen, kein Grunzen, nichts (katzenbuckeln und charmant sein). Und doch schienen sie sich gegenseitig sehr gut zu verständigen – kann ich was dafür, daß mir die Erinnerung kommt von der Schneeschmelze Anfang Januar 1956, ich hab sie geküßt und sie hat mir dafür dafür? So genau weiß ich es nicht mehr, warum am Schluß beweisen, was ich am Anfang schon gesagt habe, finde ich mich unglaubwürdig? Ein Taschentuch hatzi! Nicht jetzt hatzi, irgendwann in der Vergangenheit – ich hab mir jetzt tatsächlich eingebildet, daß die Hatzis der Vergangenheit nicht zu zählen seien, stellt euch vor: ein Hatzi außerhalb der Zahl: die reinste Himmelfahrt! (im Himmel stehen, hm). Betet aber, daß es nicht in den Winter falle (es ist in den Winter gefallen, der Schnee). Denn jene Tage werden eine Drangsal sein (aufschreien ach so aufschneiden), wie vom Anfang der Schöpfung an bis jetzt keine solche gewesen ist (als ich M liebte: Es ist aus mit mir. Da ich B liebe, denke ich: Das damals mit M war nicht so schlimm). Und wenn er die Tage nicht verkürzt hätte (diese Zeitform!) – Nachdem es mit meiner Galle nicht besser werden wollte, verließ ich mit meiner Mutter das Krankenhaus. Wir fuhren zum Grab des Großvaters, und sie erzählte mir, daß mein Vater bevor er sie kennenlernte, nach Ägypten auswandern wollte, ihm seine Freundin Luise bereits einen Arbeitsplatz in Kairo besorgt und ihm das Fahrgeld geschickt hatte, er sich auf den Weg machte, in Wien an so einer hängen blieb, mit der er das Geld verputzte und nach München zurückkehrte, ich musterte die Gegend und registrierte den Gedanken, daß ich hier auch sterben werde. Orchideen, Schlingpflanzen und Farne atmeten einen feinen Nebel ... träumte ich von meinem Vater, daß er mich am Weihnachtstag besuchte, mir einen Freßkorb schenkte und ein Bild ablehnte, das ihm Andi schenken wollte. Der Satz jetzt soll mit allem nichts zu tun haben: summen, summend dastehen, in die Welt hineinsummen, vorbeisummen an diesem und jenem und Gesang hören, ich meine dieses und jenes, das ganz was anderes als Gesang ist, als Gesang vernehmen, tja, jetzt bin ich schon sehr unmoralisch geworden, also Schluß mit diesem Scheiß – unleserlich! würde kein Fleisch gerettet werden (am ersten Feiertag aß ich Gans, mit Birke, am zweiten Karpfen). Wer aber ausharrt bis ans Ende, der wird gerettet werden. Hast du auch diese Kopfschmerzen? Hast du auch diese Sargasso-See im Kopf? Du schon, mein Freund, du schon mit deinem Segelboot, du schon kreuzend auf dem Bodensee, du schon, wir beißen das gleiche Gras – was regt ihr Leser euch auf (ich bin kein Peter Alexander und der nicht – mir fällt kein anderer von diesen Arschwürmern ein). Ich bin jetzt erwachsen, wenn ich sage, das Getreide war mannshoch, war das Getreide sehr hoch, da lacht niemand. Ich kann nicht eine Fläche von 1 Million Quadratkilometern Algenfilz erwähnen dürfen und dann keine Algensätze schreiben dürfen. Ich lebe dumpf dahin, soll ich da helle schreiben? Ja, und interessant ist es doch, interessant ist es doch, man kann nicht satt kriegen Bilder vom Verrecken, man nimmt sie auf. Baut aus dem Schrecken anderer ein Nest und fliegt selber hoch in den Lüften Depp! du fällst herab, liegst und kennst dich nicht aus, ich kenn mich schon aus (Meeralgen mit Beerenfrüchten). Der dritte und kleinste Orang stellte sich ungeschickt an. Er biß den Stiel der Durian ab, sog und zerrte daran, ohne die Frucht mit den Händen zu stützen, so daß sie tief hinunter auf den Boden fiel, er verfolgte sie mit den Blicken, schaute dann nach oben (machen wirs den Schwalben nach bauen uns ein Nest), um sich eine andere Frucht auszusuchen, die er sich holte. Diesmal war er jedoch vorsichtiger und schwang sich an einem Arm hängend zurück, während er die Durian fest umschlungen hielt (Hand und Fuß, umschlungen, was ich sagen will, aber schlecht ist mir, so schlecht im schönen Wien grüß mir die heimlichen Gäßchen, wo die Pärchen haben kein Benzin oder?). Und ich schreibe weiter, denn zurück will ich nicht mehr jetzt nicht mehr, jetzt gilt der Satz nicht, der mir gestern abend im Bett einfiel, als Birke im Zimmer nebenan lag: Wäre ich jetzt in einer Rentierherde, bückte ich mich, damit mich niemand sieht. Aber wenn ich dieses Kapitel geschrieben habe (ach immer diese Kapitel), geh ich ein Stück auf der Straße aufrecht im Bewußtsein, ein gutes Kapitel geschrieben zu haben (ach diese Kapitel). Eulenspiegel (macht der Lektor ein Fragezeichen dahinter?). Schwindelig (klingendes Märchen). Mein Freund, der so einen eingefallenen Bauch hat, wenn er das Grundstück in der Badehose hochgeht, ihn frißt das gleiche wie mich, aber nicht deshalb sind wir Freunde, man kann nicht mit jedermann Freund sein (hat schon spezielle Probleme, speziellere als ich). Wohin mit der Asche? Ich wische sie von der Tischplatte in den Teller, in dem das große Stück Stollen war, die Asche unterscheidet sich nicht von den Bröseln und dem vielen Puderzucker, die im Teller vom Stollen übrig geblieben sind (Birke kannte noch keinen Stollen). Wieder anzünden (es wird mir noch schlechter werden – nur Musik, kein Gesang bababa ooo). Ich schenkte ihr LET IT BLEED, die neue Platte der Rolling Stones. Es ist mir gleich, was du sagst, Eulenspiegel, denken wirst, an was auch. Sich mit einem Kälbchenschwanz streicheln. Und schön zu! Ob ich mich übergeben werde? Ob ich krank werde? Und wenn ich gesund bin, dieses Kapitel in Reinschrift schreiben. Ich hab den Drehwurm, den Quesenwurm, wie ihn die Schafe kriegen, da gibts keine Rettung nur Schlachtung. Nicht hinlegen jetzt, nicht aufhören, Gott und die Welt schlagen auf dich ein, und sich erst ihrer Probleme annehmen, welche Bücher das würden, und Philipp ist am Krepieren (wenigstens sind die Mustangs ausgestorben, Orang Utans gibts noch an die 3000) ich schaff jetzt keinen Aufruf zu ihrer Rettung (nur eine Wellenlinie machen und in ihrem Steigen und Fallen und Steigen und ihrem Undsosofort leben, siehe die Römer, die in ihrer Badewanne verbluten, siehe die Autos, die ohne Motor noch den Berg hinunterkommen, siehe dies und das), aber um der Auserwählten willen, die er auserwählt hat, hat er die Tage verkürzt. Die beiden anderen untersuchten inzwischen die Schale, um herauszufinden, wo sie sie öffnen könnten (zu Birke sagte ich, daß ich das Evangelium für Affen schriebe, vielleicht verstehen sie es, da sagt Christus nicht: Aber wenn ich auferweckt worden bin, werde ich euch nach Galiläa vorangehen). Das ist mir dazwischengekommen. Und er verhüllte sich und weinte. Das auch (da waren 2 Königskinder, ich glaube, sie hatten sich lieb). Und er wurde unter die Übeltäter gezählt (das hatte die Prinzessin verdrossen). Die Soldaten aber führten ihn hinein (jetzt muß ich trinken) in den Palast, das ist die Burg des Statthalters. Und sie zogen ihm ein Purpurgewand an, flochten eine Dornenkrone und setzten sie ihm auf. Dann fingen sie an, ihn zu begrüßen: Prost! (die Formulierung anfangen zu beginnen zu, mag ich). Einer der drei zog sich dann in das höchstgelegene Nest zurück, das nun im vollen Sonnenlicht lag. Nachdem er Blätter und Rinde hinausgeworfen hatte, legte er sich mit dem Bauch in die Sonne, um sein Fell zu trocknen. Der größte der 3 besah sich ein altes Nest. Er kletterte dann jedoch weiter, höher hinauf (hab dich lieb), um einen benachbarten Baum zu erreichen. Hier begann er ein neues, der Sonne ausgesetztes Nest in sehr exponierter (ich hab dich ja so lieb, ich hab dich lieb) Lage zu bauen. Sagt statt: Elohi Elohi, lama sabachthani? (das heißt übersetzt: Mein Gott, mein Gott, warum hast du mich verlassen?), sagt: Allallallall rrrrr (das heißt übersetzt: Die Macht des Löwengebrülls). Die Plattform trug die beiden Körper mühelos. Sie schwankte unter dem blauen Himmel, während die Affen sich diesen Platz an der Sonne herstellten. Nach einiger Zeit saßen sie still und beobachteten die Welt zu ihren Füßen, schließlich legten sie sich nieder. Es war inzwischen nach 8 Uhr, und die Sonne begann zu brennen. Ah! ich trink jetzt doch nichts mehr. Hör ich jetzt auf? Ich sehe um die elektrische Birne einen Regenbogen, grün innen, rot außen. 23.05 27. Dezember 1969

Copyright-Angaben

Alle Texte wurden für diese Ausgabe neu durchgesehen.

Verzeichnis der suhrkamp taschenbücher

Eine Auswahl

2/1/6.84

2/2/6.84

2/3/6.84

2/4/6.84

2/5/6.84

2/6/6.84